W0175242

zu Klampen

Gerd Lüdemann

Im Würgegriff der Kirche

Für die Freiheit
der theologischen Wissenschaft

zu Klampen

Erste Auflage 1998
© Dietrich zu Klampen Verlag GbR
Postfach 19 63, 21309 Lüneburg
Tel.: 04131/73 30 30, Fax: 04131/73 30 33
Druck: Clausen & Bosse, Leck
Umschlag: Groothuis &Malsy

Die Deutsche Bibliothek - CIP-Einheitsaufnahme:
Lüdemann, Gerd:
Im Würgegriff der Kirche :
für die Freiheit der theologischen Wissenschaft /
Gerd Lüdemann. -
1. Aufl. - Lüneburg : zu Klampen, 1998
ISBN 3-924245-76-2

Inhalt

Ich glaube nicht an die Möglichkeit der Neubesee-
lung des stinkenden Leichnams, welcher die ortho-
doxe oder gar die liberale deutsche protestantische
Kirche heißt.

Julius Wellhausen, 1881[1]

Vorwort

Theologie und Kirche sind ein nicht wegzudenkender Bestandteil unseres Staates mit einer soliden Absicherung
selbst in unruhigen und von knapper Kasse bestimmten Zeiten. Die Kirchen erheben als Körperschaften öffentlichen
Rechts Steuern von ihren Mitgliedern, die vom Staat einge-
zogen werden, und die theologischen Fakultäten sind durch
Verträge zwischen Staat und Kirche geschützt. Das Grund-
gesetz (Art. 7 Abs. 3) sieht die Erteilung des Religionsunter-
richts »in Übereinstimmung mit den Grundsätzen der Religionsgemeinschaften« vor. Doch die Dinge beginnen sich
zu ändern. Die Plausibilität der christlichen Religion nimmt
ab, und die theologischen Wissenschaften verspielen in Öffentlichkeit und Universität zunehmend den Kredit als
akademische, staatlich bezahlte Disziplinen, auch wenn sie
seit der Gründung der europäischen Universitäten im 13.
Jahrhundert zum Fächerkanon der Wissenschaften gehören.

Der vorliegende Band nimmt die enge Verflechtung von
Kirche und Theologie im akademischen Bereich unter die
Lupe. Er benennt das öffentliche Ärgernis, daß Theologie
als wissenschaftliche, vom Staat bezahlte Disziplin nach
Konfessionen getrennt betrieben wird. Hier liegt ein Grund-
übel der Theologie, denn, so organisiert, *kann* sie gar keine
Wissenschaft sein. Dieses Grundübel ist aber auch eines der

Kirchen in unserer Gesellschaft, denn diese greifen, wie zahlreiche Beispiele auf katholischer, aber einige auch auf evangelischer[2] Seite belegen, seit langem massiv in die theologischen Fakultäten ein und sind durch das Gesetz auch noch dazu befugt. Damit ist sozusagen juristisch festgeschrieben, daß Theologie gar keine Wissenschaft sein *soll*. Wenn es mir an diesem zentralen Punkt gelingt, vernünftige Politiker und das gebildete Publikum aufzurütteln, dann ist der Hauptzweck dieser Schrift erreicht, und notwendige Reformen werden sich wie von selbst ergeben.

Das Buch umkreist von verschiedenen Gesichtspunkten aus die Frage, ob die gegenwärtige Theologie eine Wissenschaft ist, und entwickelt in kritischer Auseinandersetzung mit der herrschenden Theologie Reformvorschläge zum Studium des Christentums und anderer Religionen an *einer* Fakultät. Aus diesem Grunde sind einige Überschneidungen nicht zu vermeiden. Sie bieten aber den Vorteil, daß jedes Kapitel eine Einheit ist und für sich gelesen werden kann.

Das *erste Kapitel* handelt unter der Überschrift »Theologie als Wissenschaft?« von der Zukunft der theologischen Fakultäten vornehmlich in Deutschland.

Das *zweite Kapitel* faßt den die kritische Theologie leitenden Wissenschaftsbegriff in den Blick, und zwar unter Bezug auf die Entstehung der historisch-kritischen Methode und ihre Vertiefung in der Religionsgeschichtlichen Schule.

Das *dritte Kapitel* zeichnet meinen eigenen Weg in die wissenschaftliche Theologie nach, die ich als Professor für Neues Testament an der Georg-August-Universität Göttingen seit 1983 innerhalb der Theologischen Fakultät in Forschung und Lehre vertrete und auch weiter vertreten will. Da die Konföderation evangelischer Kirchen in Niedersachsen nicht einmal davor zurückgeschreckt ist, meine wissenschaftliche Tätigkeit als Theologe zu bedrohen, indem sie bei der Landesregierung in Hannover meine Entfernung aus der Theologischen Fakultät verlangt hat, ist ein apologetischer Unterton in diesem Teil des Buches nicht zu vermeiden. Der eigentliche Zweck dieses Kapitels ist aber, offensiv an die Wissenschaftstradition Göttingens zu erinnern und zum Ausdruck zu bringen: Es ist ein Alarmsignal für Universität und Politik, wenn die evangelische Kirche noch im Jahre 1998 aus wissenschaftsfremden Gründen die Abberufung eines Professors aus der Theologischen Fakultät fordert und damit in eine fatale Nähe zur römisch-katholischen Kirche gerät.

Als Einstiegslektüre sei die als Anhang I (s. unten S. 103 ff) wieder abgedruckte Abhandlung von Theodor Mommsen empfohlen, deren Zielsetzung vorbildlich ist. Sie leitet meine wissenschaftliche Arbeit seit Beginn des Studiums und steht für ein glanzvolles Kapitel deutscher Geistes- und Kulturgeschichte. Der große Altmeister der römischen Geschichte hat in dieser Abhandlung vor bereits einhundert Jahren treffend den Konflikt zwischen Wissenschaft und Konfession aufgewiesen und damit zugleich den zwischen Universität und kirchlich bestimmter Theologie.

Ohne den geistigen Austausch mit Frank Schleritt und ohne seinen unermüdlichen Einsatz hätte die Arbeit nicht vollendet werden können. Meiner langjährigen Sekretärin Silke Röthke danke ich für die Erstellung des Manuskripts, Privatdozent Dr. Jürgen Wehnert, Martina Janßen und Dr. Bärbel Köhler für eine kritische Durchsicht.

Nashville/Tennessee, den 29. Juli 1998   *Gerd Lüdemann*

Theologie ist eines der unsaubersten Producte menschlicher Rhetorik ... Theologie ist nun einmal mit
grauen Haaren geboren ... und ist von ihrer Ge-
burtsstunde an in der Kirche (wo alle Kinder grau-
haarig geboren werden) eine conservative, nicht aber
eine Wissenschaft des »Fortschritts«.

Franz Overbeck[3]

Das Geschlecht der Juden und Christen ... (ist ver-
gleichbar) mit einem Schwarm von Fledermäusen
oder mit Ameisen, die aus dem Bau hervorwimmeln,
oder mit Fröschen, die um einen Teich herum zu-
sammenhocken, oder mit Regenwürmern, die in
dem Winkel eines Misthaufens sich versammeln,
und dabei miteinander darüber streiten, wer von ihnen die schlimmeren Sünder seien, und behaupten:
»In erster Linie offenbart und verkündigt uns der
Gott alles. Die ganze Welt und den Lauf der Him-
melsgestirne läßt er fahren, auch die weite Welt ver-
nachlässigt er und beschäftigt sich mit uns allein. Zu
uns allein sendet er seine Boten und hört nicht auf,
sie zu senden und zu betreiben, daß wir immer mit
ihm zusammen seien.«

Kelsos, um 178[4]

I

Theologie als Wissenschaft?

Einführung

Anfang 1998 habe ich als Professor für Neues Testament,
der an einer staatlichen evangelisch-theologischen Fakultät
lehrt, öffentlich meinen Abschied vom Christentum erklärt.[5]

Kirchliche, aber auch kirchenferne Kreise haben mir daraufhin nahegelegt, freiwillig den Lehrstuhl zu räumen und mich an die philosophische Fakultät versetzen zu lassen. Mein Entschluß, dies nicht zu tun, wurde als charakterliche Schwäche diffamiert.

So äußerte sich beispielsweise der Chefredakteur des Wochenblatts der Evangelischen Kirche in Deutschland (EKD), Arnd Brummer, unter der Überschrift »In der Kirche – aus dem Sinn. Inkonsequenz macht telegen und satt« wie folgt:

»... Wo endet die Wahrhaftigkeit, Herr Lüdemann? Eine Frage, die auch Lüdemanns Kollegen in der Fakultät stellen. Einmütig haben ihn die Professoren ... aufgefordert, fernab allen taktischen Finessen den Maßstab der Wahrhaftigkeit auch bei sich selbst anzulegen und den Fachbereich zu verlassen.[6] Wahrhaftig wäre es, nun endlich die eigentlichen Motive für sein Ausharren aufzudecken. Der Neu-Heide Lüdemann will weiter Kirchensteuer zahlen und Professor an einer evangelischen Fakultät bleiben, weil sich Bücher, ›Spiegel‹-Storys und Fernsehauftritte eben nur aus dieser Position verkaufen lassen. Nur Kirchengegner, die in der Kirche bleiben, lassen sich mit Tamtam präsentieren. Nähme Lüdemann seinen Hut, wäre das für ihn wie für die Kirche gut, aber – wahrhaftig – mit herben Einbußen an Aufsehen und Einkommen verbunden.«[7]

Ich bin, um dies klar zu sagen, nicht aus der evangelischen Kirche ausgetreten, um der Kirche nicht die juristische Möglichkeit zu liefern, mich per Gesetzesklausel aus der theologischen Fakultät entfernen zu lassen. Nach dem geltenden Recht ist die Zugehörigkeit zu einer Mitgliedskirche des Ökumenischen Rates der Kirchen (ÖRK) Voraussetzung für eine Professur an einer evangelisch-theologischen Fakultät.[8] Daher bleibe ich mit voller Absicht in der Kirche und damit an der theologischen Fakultät, um längst fällige Reformen der Theologie als Wissenschaft einzuleiten.

Inzwischen deuten sich kirchliche Sanktionen gegen meine Tätigkeit an der theologischen Fakultät an. So hat der zuständige geistliche Vizepräsident des Landeskirchenamtes der evangelisch-lutherischen Landeskirche Hannovers, Günter Linnenbrink, gegenüber der Presse erklärt, er werde sich dafür aussprechen, die von mir ausgestellten Seminarscheine für erbrachte Studienleistungen nicht mehr für die das Erste Theologische Examen anzuerkennen.[9] Dies bedeutet eine Verschärfung der bereits vor zwei Jahren ergriffenen Maßnahme, mich als Prüfer von kirchlichen Examina auszuschließen.[10] Weiter erklärte Linnenbrink, dem Land Niedersachsen, d.h. meinem Arbeitgeber, sei klar, daß es zwischen der Kirche und mir keine Kooperation mehr geben könne.

Sodann ist die Konföderation evangelischer Kirchen in Niedersachsen[11] in der Person ihres Vizepräsidenten, Eckhart von Vietinghoff, beim Niedersächsischen Wissenschaftsministerium in Hannover vorstellig gewesen und hat verlangt, mich vom theologischen Lehrstuhl abzuberufen[12] – dies mit Hinweis auf den sog. Loccumer Vertrag zwischen dem Land Niedersachsen und den Evangelischen Landeskirchen in Niedersachsen vom 19. März 1955.

In diesem Vertrag ist folgendes festgelegt:

»Für die wissenschaftliche Vorbildung der Geistlichen bleibt die Theologische Fakultät an der Universität Göttingen bestehen« (Art. 3 Abs. 1).

»Vor der Anstellung eines ordentlichen oder außerordentlichen Professors an der Theologischen Fakultät wird der zuständigen kirchlichen Verwaltungsbehörde Gelegenheit zu gutachterlicher Äußerung gegeben« (Art. 3 Abs. 2).[13]

Hierzu bemerkt der Kirchenrechtler Axel von Campenhausen: »Eine nachträgliche Beanstandung kennt das Vertragsrecht für die evangelische Kirche nicht. Dementsprechend sind Abhilfe oder Ersatzgestellungspflichten für den Staat nicht vorgesehen.« Er fährt aber fort: »Aus der fehlenden Regelung in den Verträgen folgen weder der Ausschluß einer kirchlichen Beanstandung noch deren Unbeachtlichkeit. Die Lehrverantwortung ist auch für die evangelische Kirche unverzichtbar.«[14] An anderer Stelle schreibt er: »Verlangt die evangelische Kirche ... ein nachträgliches Beanstandungsrecht, so kann ihr dies von Seiten des Staates nicht versagt werden.«[15]

Es kam daher nicht überraschend, daß die Konföderation evangelischer Kirchen in Niedersachsen mir schließlich in einem Schreiben vom 14. Juli 1998[16] unter Berufung auf den soeben zitierten Art. 3 Abs. 2 des Loccumer Vertrages mitteilte, die seinerzeit gegebene gutachterliche Äußerung für meine Berufung müsse zurückgenommen werden, und diese Rücknahme müsse dazu führen, daß ich die Theologische Fakultät verlasse.[17] Damit war die Stellungnahme von Campenhausens prompt zur Forderung in einem konkreten Fall geworden.

All dies, einschließlich der Auffassung, die evangelische Kirche besitze gegenüber mißliebigen Theologen ein nachträgliches Beanstandungsrecht, ist ein nachdenklich stimmender Eingriff in die Freiheit der Forschung und Lehre eines staatlich angestellten Theologieprofessors, der seine Tätigkeit streng wissenschaftlich versteht.

Am 29. Juli 1998 erreichte mich freilich eine Nachricht des Evangelischen Pressedienstes (epd), in der es heißt:

»Der umstrittene Göttinger Theologieprofessor Gerd Lüdemann kann weiter lehren. Im Fachbereich Theologie der Georg-August-Universität soll jedoch für Ersatz im Fach Neues Testament gesorgt werden. Das ist das Ergebnis einer Einigung, die ... vom Ministerium für Wissenschaft und Kultur in Hannover bestätigt wurde ...

Zwischen Universität, Ministerium und Kirchen wurde jetzt eine Regelung entwickelt, nach der freiwerdende andere Lehrstühle im Fachbereich Theologie jeweils auf Zeit mit einem Lehrbefähigten für das Fach Neues Testament besetzt werden. An einen Abbau der Professorenstellen sei nicht gedacht. Nach Angaben des Ministeriums könnte im Jahr 2002 eine C4-Professur aus einem anderen Fachbereich an die Theologie gehen ...

Eine Versetzung oder Entlassung Lüdemanns könne es nicht geben, sagte Ministeriumssprecherin Ulli Gröttrup auf epd-Anfrage. Es sei kein beamtenrechtliches Vergehen, wenn ein Professor seinen Glauben wechsele. Ihn schütze auch die grundgesetzliche Freiheit von Forschung und Lehre. Auf evangelischem Gebiet sei der Fall bundesweit einmalig, daß eine Kirche einem Professor nachträglich die Zustimmung entziehe ... Nach Angaben des Ministeriums könnte der Theologe an der Universität ›in ein wesensverwandtes Fach‹ wechseln.«

Diese »Einigung« ist ein Denkzettel für die Konföderation evangelischer Kirchen in Niedersachsen, die mit ihrem Ansinnen, einen Theologieprofessor vom Lehrstuhl abzuberufen, bei der Regierung auf Granit gebissen hat. Sie bedeutet aber auch eine implizite Verwerfung der kirchenrechtlichen Ausführungen Axel von Campenhausens (s. oben S. 13), die von großer Tragweite sein dürfte. Die entschlossene Ablehnung des von ihm verfochtenen nachträglichen Beanstandungsrechts[18] ist einmalig im Verhältnis von Kirche und Staat in der Bundesrepublik und ein großer Erfolg für die Demokratie. Sie sollte Konsequenzen für alle Bereiche der Theologie an den Hochschulen haben. Insbesondere ist eine Signalwirkung auch für die katholischen Fakultäten zu erhoffen, wo die Dinge noch ärger liegen.

Andererseits sind die Absprachen, die der Kirche die Niederlage versüßen sollen, blamabel und überflüssig. Zwar ist es zu begrüßen, daß auf diese Weise vielleicht einigen von der Arbeitslosigkeit bedrohten Neutestamentlern Gelegenheit gegeben wird, eine Zeitlang in Göttingen zu lehren; es fragt sich jedoch, zu welchem konkreten Zweck Lehraufträge erteilt werden sollen - etwa, weil ein »Christ« besser Neues Testament unterrichten kann? Man darf gespannt sein, ob die Fakultät von den Bewerbern jeweils verlangen wird, ein Glaubensbekenntnis abzulegen. Bestimmt aber wird man bei der Rezitation der Gieselerschen Formel (s. unten S. 86) genau hinhören. Ich jedenfalls werde weiter Neutestamentler an der Theologischen Fakultät bleiben und denke nicht daran, »in ein wesensverwandtes Fach« zu wechseln, zumal es für die Studierenden kein Schade sein kann, wenn ein Nicht-mehr-Christ mit mehr als zwanzig Christen zusammen unterrichtet und forscht: Stimmt der Inhalt des christlichen Glaubens, so können meine in der Überzahl befindlichen Kollegen meinen Irrtum ja zurechtrücken. Stimmt er aber nicht, ist es für die Studierenden nur von Vorteil, rechtzeitig eine Neuorientierung vornehmen zu können.

Falls das Ministerium wirklich daran denkt, im Jahre 2002 einen weiteren Lehrstuhl für Neues Testament dauerhaft zu finanzieren, so sei schon jetzt gefragt, ob das Geld nicht besser verwendet werden kann und wie man diese überflüssige Maßnahme gegenüber anderen finanziell schwachen Fachbereichen mit anteilig höheren Studentenzahlen erklären will.

Zu guter Letzt zeichnet sich also ein Sieg der grundgesetzlich garantierten Freiheit von Forschung und Lehre über kirchliche Bevormundung ab. Dennoch wird man sagen müssen, daß die ganze Angelegenheit mitsamt ihrer Vorgeschichte skandalös und an Peinlichkeit nicht zu überbieten ist. Die Frage drängt sich auf: Wie ist es um die Theologie an der Universität überhaupt bestellt?

Konfessionelle Theologie

Heutige theologische Wissenschaft verdient den Namen Wissenschaft schon deswegen nicht, weil sie konfessionell bestimmt ist. An deutschen Universitäten erforschen katholische und evangelische Professoren institutionell getrennt voneinander das Christentum. An vielen Orten, z.B. in Bochum, Bonn, Mainz, München, Münster und Tübingen, existieren an derselben Hochschule zwei Fachbereiche mit dem gleichen Forschungsobjekt, aber mit zwei verschiedenen Lehrkörpern, zwei verschiedenen Prüfungsordnungen und zum Teil auch zwei verschiedenen Seminargebäuden und -bibliotheken. Sie pflegen Beziehungen zueinander, wie es zwischen zwei verschiedenen Fakultäten üblich ist.

Der Unterschiedenheit vor Ort entspricht die Differenz auf nationaler Ebene: Im Rahmen der Deutschen Forschungsgemeinschaft sind diese Fakultäten zwei verschiedenen Gutachtergremien mit zwei verschiedenen Forschungshaushalten zugeordnet.

Es versteht sich angesichts dieser Lage fast von selbst, daß Leistungsscheine von Studierenden gegenseitig nicht anerkannt werden. Dies gilt sogar dort, wo innerhalb ein und desselben philosophischen oder kulturwissenschaftlichen Fachbereichs evangelische und katholische Professoren im Rahmen der Lehrerausbildung tätig sind. Hier müssen künftige Lehrer evangelischer oder katholischer Religion ihre Leistungsnachweise bei den entsprechenden evangelischen oder katholischen Professoren beibringen. Immerhin steht es ihnen frei, Veranstaltungen bei den Professoren anderer Konfession zu besuchen.

Aus all dem geht hervor: Die theologischen Fakultäten in Deutschland sind streng konfessionell organisiert und strikt an die Kirche gebunden. Wohlgemerkt: Das trifft nicht etwa nur auf die römisch-katholische, sondern auch auf die evangelische Fakultät[19] zu. (Gleiches gilt für die konfessionellen Abteilungen außerhalb der theologischen Fakultäten.) Beide Fakultäten setzen voraus, daß ihre Prüflinge, sowohl die künftigen Geistlichen als auch die künftigen Religionslehrer, katholisch oder evangelisch getauft sind und Kirchensteuern bezahlen, d.h. nicht aus der Kirche ausgetreten sind.[20] An keiner theologischen Fakultät oder Abteilung für katholische bzw. evangelische Religion kann jemand, sei er wissenschaftlich auch noch so ausgewiesen, ohne Taufschein und ohne Zustimmung der jeweiligen Kirchen eine Professur erhalten. Ein Jude beispielsweise darf, ungetauft, weder auf einen Lehrstuhl der katholischen oder evangelischen Fakultät bzw. der jeweiligen Abteilungen für Lehrerausbildung berufen werden noch die dafür notwendige Qualifikation der Habilitation anstreben. Ja, er kann ungetauft nicht einmal ein Examen ablegen oder gar mit einer Arbeit über Jesus, Paulus oder andere frühchristliche Juden promovieren.

Man muß schon lange im theologisch-kirchlichen System gelebt und davon profitiert haben, um nicht sofort gegen einen solchen unhaltbaren Zustand zu protestieren. Denn was haben solche konfessionellen Machtspiele und Erkenntnisprivilegien auf der staatlichen Universität zu suchen? Merken die Herren Theologen nicht selbst, daß eine solche Theologie Wissenschaft und Konfession unheilbar verquickt? Und das Schlimmste ist: All dies sägt der Wahrhaftigkeit dieses Faches den Ast ab.

Doch es hilft nichts. Die theologischen Fakultäten in ihrer jetzigen Gestalt entsprechen weitgehend dem heute geltenden Recht. Evangelische Kirchenjuristen füllen, wie das Beispiel Axel von Campenhausen zeigt (s. oben S. 13), entschlossen noch vorhandene Lücken auf protestantischer Seite aus, und Kirchenrechtler beider Konfessionen fungieren quasi als Wächter der antiquierten Regelungen.[21] Wenn es nach ihnen oder den kirchenleitenden Organen geht, wird sich an dem gegenwärtigen Stand der Dinge nichts ändern (vgl. dazu unten S. 110ff, Anhang II), obgleich überdeutlich ist: Der konfessionelle Charakter der theologischen Fakultäten in Deutschland *widerlegt* den Anspruch der Theologie, eine Wissenschaft zu sein. Immerhin bearbeiten Theologen der beiden christlichen Konfessionen in derselben Weise die überlieferten Texte: philologisch, historisch-kritisch und religionsvergleichend. Eine solche gemeinsame Bezogenheit auf dieselbe Tradition bei gleichem methodischen Vorgehen macht es zwingend notwendig, juristische Formeln zu verändern. Wenn etwas gültiges Recht ist, muß es noch lange nicht Rechtens sein, zumal es die konfessionelle Beschränktheit in keinem anderen Fach der Universität gibt. Um der Sache willen sollte dem konfessionellen Status der theologischen Fakultäten der Abschied gegeben und ein unabhängiger Fachbereich Theologie oder Religionswissenschaft[22] errichtet werden.

Doch die Wurzel des Übels liegt noch tiefer. Obwohl der Ruf nach Aufhebung der konfessionellen Schranken der Theologie in regelmäßigen Abständen laut wird und dann auf verhaltene Zustimmung stößt, hat er bisher nie zu Reformen geführt. Ein wichtiger Grund hierfür liegt darin, daß der Theologie allgemeinem Konsens zufolge eine kirchliche Funktion zukommt.

Klerikale Theologie

Die gegenwärtige Lage und ihre Vorgeschichte im 19. Jahrhundert

Durchweg setzen nicht nur katholische, sondern auch evangelische Theologen voraus, Theologie sei eine kirchliche Wissenschaft. Dies entspricht der Auffassung fast spiegelbildlich, Theologie sei eine konfessionelle Disziplin. Die enge Anbindung der Theologie an die Kirche verstärkte sich nach dem Ersten Weltkrieg. Sie bewährte sich in Deutschland zur Zeit des Nationalsozialismus und trägt inzwischen auch der wachsenden Bedeutung der sich weltweit entwikkelnden Kirchen Rechnung.

Diese Zuordnung von Kirche und Theologie hat ihre Wurzeln bereits im 19. Jahrhundert. So dekretierte Friedrich Schleiermacher (1768-1834): »Auch die wissenschaftliche Wirksamkeit des Theologen muß auf die Förderung des Wohles der Kirche abzwecken, und ist also klerikalisch«[23]. Ähnlich bemerkte Albrecht Ritschl (1822-1889), daß »die Theologie überhaupt nur im Dienste der religiösen Gemeinschaft des Christenthums denkbar ist«[24].

Der einflußreichste Theologe des 20. Jahrhunderts, Karl Barth (1886-1968), schrieb die Abzweckung der Theologie bereits im Titel seines Hauptwerkes fest. Er lautet: »Die kirchliche Dogmatik«. In ihr wird auf der Grundlage der kirchlichen Lehre den Predigern förmlich untersagt, der Gemeinde im Rahmen der Predigt historische Einsichten mitzuteilen. So antwortet Barth beispielsweise auf die »populär-theologische Frage: ob ›man‹ denn, um wirklich christlich zu glauben, durchaus an die Jungfrauengeburt glauben müsse«: Zwar sei es nicht ausgeschlossen, daß jemand auch ohne die Bejahung dieser Lehre »das Geheimnis der Person Jesus Christus erkennen und also wirklich christlich glauben« könne – denn es stehe »in Gottes Rat und Willen, dies zu möglich zu machen«. »Aber damit ist nicht gesagt, daß die Kirche die Freiheit habe, die Lehre von der Jungfrauengeburt zu einem Fakultativum für besonders starke oder auch für besonders schwache Gemüter zu machen.« Falls unter den Dienern der Kirche solche sein sollten, die an der Jungfrauengeburt zweifeln, so ist von ihnen zu verlangen, »daß sie ihren Privatweg als Privatweg behandeln und also nicht etwa ihrerseits zum Gegenstand von Verkündigung machen, daß sie das Dogma, wenn sie es persönlich nicht bejahen können und also (leider!) auch ihren Gemeinden vorenthalten müssen, wenigstens durch Schweigen respektieren«[25].

Angesichts dessen, daß Barth als Schüler Adolf Harnacks[26] wußte oder zumindest hätte wissen müssen, daß die Jungfrauengeburt mit Sicherheit kein historisches Ereignis ist[27], sind diese Aussagen befremdlich.[28] Sie leiten geradezu zur Heuchelei an.

Bisherige Einwände und ein vorläufiges Fazit

Bei Barth wie bei vielen anderen Vertretern der sogenannten dialektischen Theologie tut sich ein Gegensatz zwischen dogmatischer und historischer Methode auf. Wenn historische Arbeit noch gar nicht weiß, ja nicht wissen darf, was sie findet – wie soll sie da von vornherein wissen, daß sie eine positive kirchliche Funktion hat? Wenn ferner unwiderruflich feststeht, daß, wie im Falle der Jungfrauengeburt, Dogma und Geschichte sich widersprechen – wie kann der Historiker anders handeln, als die Unwahrheit der kirchlichen Behauptung zu konstatieren? Diese und ähnliche Fragen sind seit dem Aufkommen der historischen Kritik immer wieder gestellt worden. So rief Gustav Krüger vor einem Jahrhundert in Erinnerung, daß die historische Arbeit insofern unkirchlich ist, als »sie schlechterdings und überall mit Maßstäben arbeitet, die gänzlich außerhalb der kirchlichen Sphäre gewonnen sind. Unkirchlich auch in dem Sinne, daß ich nirgends bei meiner Arbeit nach der Kirche frage: ob ihr meine Ergebnisse behagen oder nicht ... ich suche die eigentliche Arbeit des akademischen Lehrers in Etwas, das die Kirche zunächst erschrecken muß.«[29]

Gustav Krügers Zeitgenosse William Wrede attackierte in einer programmatischen Schrift ausdrücklich die These, die Theologie habe der Kirche zu dienen. Er schreibt: »Allein diese so häufig gebrauchte, auf Schleiermacher zurückweisende Formel ist jedenfalls für alles in der Theologie, was der Geschichte angehört, also auch für das gesamte biblische Gebiet, entweder durchaus unhaltbar oder äusserst inhaltsleer.«[30]

Schließlich schrieb Walther Köhler, einer der Redakteure der ersten Auflage des Lexikons »Die Religion in Geschichte und Gegenwart«[31] in einem Brief an den Verleger Paul Siebeck: »... ich möchte doch meinerseits daran festhalten, daß das Lexikon ein solches werden soll, in dem die *Jungen*

– und zwar auch die Radikalen – zum Worte kommen sollen, ein Lexikon, *das mit vollem Bewußtsein* den Standpunkt der jungliberalen, religionsgeschichtlichen Schule zum Ausdruck bringt ... Das beständige Schielen auf die Kirche ist mir in der Seele zuwider.«[32]

Ein Nachfahre der Religionsgeschichtlichen Schule, der Schweizer Pfarrer und Psychoanalytiker Oskar Pfister[33], bemerkte zum Thema: »Eine Wissenschaft vom christlichen Glauben ist sowenig christlich wie die Wissenschaft vom Verbrechen verbrecherisch ist. Nicht die kirchliche Brauchbarkeit, sondern lediglich die Wahrheit an sich muß das Ziel bilden ... Wissenschaft mit von der Kirche bestellten Resultaten ist Scholastik.«[34]

Wir ziehen ein vorläufiges Fazit: Theologie als Wissenschaft sucht nach der Wahrheit und ist hierin mit allen anderen Disziplinen an der Universität verbunden. Eine kirchliche Theologie als wissenschaftliche Disziplin kann es aus diesem Grund nicht geben.

Die mißliche Lage der Gegenwart: Drei Beispiele

Freilich ist diese rücksichtslose Wahrheitsfrage in der neueren Theologie verdrängt worden, und zwar aus dem Grunde, weil man dem in der Bibel enthaltenen Anruf Gottes gehorsam sein wollte. Das ist daran ersichtlich, daß heutzutage viele Beiträge auf den theologischen Sinn, die Aussagerichtung der Texte abzielen, während das Verhältnis von biblischem Bericht und geschichtlichem Hergang kaum oder gar nicht thematisiert wird. Auch die Kanonfrage bleibt häufig stillschweigend unerörtert, so, als ob die Bibel nicht eine frühchristliche Schriftensammlung, sondern ein vom Himmel gefallenes Buch wäre, das seine Leser damals wie heute belehren soll. Solche und ähnliche Ausführungen setzen oft unbewußt voraus, die Vernunft sei durch die Offenbarung bzw. durch die Anrede der biblischen Zeugen zu begrenzen oder gar zu erleuchten. Das bedeutet aber in der Praxis nichts anderes als Klerikalismus. Denn Vernunft gilt entweder ganz oder gar nicht.

In diesem Zusammenhang wird oft betont, daß Bibelauslegung ein Akt des Gehorsams sei. Ich möchte das an drei Beispielen illustrieren, die sich in den Vorworten von theologischen Werken befinden. (Vorworte sind oft eine Fundgrube für die Werturteile, die ihre Verfasser leiten.)

1. Der langjährige Professor für Neues Testament an der Universität Göttingen, Joachim Jeremias (1900-1979), wendet sich im Vorwort zur dritten Auflage seines klassischen Buches »Die Abendmahlsworte Jesu«[35] dagegen, in den Text das hineinzulesen, »was man in ihm zu finden wünscht« (S. 5). Er schlägt statt dessen vor, »die Welt, in der Jesus lebte und in deren Worten er sprach, lebendig werden zu lassen« (S. 5f), und ruft dann emphatisch aus: »Exegese ist Sache des Gehorsams!« (S. 6), denn, so dürfen wir aus einem anderen Buch von Jeremias ergänzen: »Niemand als der Menschensohn selbst und Sein Wort kann unserer Verkündigung Vollmacht geben.«[36] Ein eventueller Widerspruch gegen Jesus ist also ausgeschlossen.

2. Der ehemalige Professor für Neues Testament an der Universität Hamburg und spätere Lübecker Bischof Ulrich Wilckens schreibt im Vorwort zu seiner Römerbriefauslegung, daß man Paulus erst verstehe, wenn man mit ihm mitbete: »Wer im Durchgang durch den Römerbrief gewahr wird, wie alle Gedankenlinien des Paulus auf das ›ingens

miraculum‹ dieses Geschehens in Tod und Auferstehung Christi zulaufen und so die begriffliche Struktur seiner ganzen Denkbewegung ein Umdenken in dieser Richtung fordert und ermöglicht, der wird mitten in solchem Nachdenken immer wieder ins Beten, in die Anbetung fallen.«[37] Was aber sollen die armen Menschen tun, die zu einem solchen frommen Akt nicht in der Lage sind?

3. Gerhard Sellin, Professor für Neues Testament an der Universität Hamburg, bemerkt im Vorwort seiner Habilitationsschrift über 1Kor 15: »Der korinthische Idealismus wird entlarvt als eine Spielart der sich Ewigkeit bescheinigenden menschlichen Selbstherrlichkeit.«[38] Wer wagt dann noch, Paulus eventuell zu widersprechen und Partei für die Gegenseite zu nehmen, die auch aus Christen bestand?

Um nicht mißverstanden zu werden: Ich respektiere die Frömmigkeit, die hinter den zitierten Sätzen steht, meine aber, daß sie mit wissenschaftlicher Erforschung von Texten der Vergangenheit nichts zu tun hat und von vornherein eine klerikale Tendenz in die Textauslegung einfließen läßt.

Ein Rückblick zur Einführung des Klerikalismus in die Bibelauslegung: Das Beispiel Rudolf Bultmann

Bultmanns Abgrenzung von der liberalen Theologie

Die Einführung des Klerikalismus in die Exegese hat Tradition und Gründe, deren Kenntnis zum Verständnis der gegenwärtigen trostlosen Lage von Theologie und Kirche beiträgt. Sie geht vor allem auf die Dialektische Theologie Karl Barths zurück und fand ihren Eingang in die Schriftauslegung durch keinen Geringeren als Rudolf Bultmann (1884-

1976), den bedeutendsten Neutestamentler des 20. Jahrhunderts.

In einem Aufsatz aus dem Jahre 1924, »Die liberale Theologie und die jüngste theologische Bewegung«[39], legte Rudolf Bultmann Rechenschaft über seine eigene Abkehr von der liberalen Theologie ab. Den Vorwurf der jüngsten, d.h. der im wesentlichen von Karl Barth und Friedrich Gogarten getragenen theologischen Bewegung gegenüber der liberalen Theologie, daß sie – obgleich der Gegenstand der Theologie Gott sei – »nicht von Gott, sondern von Menschen gehandelt hat« (S. 2), will Bultmann deutlich machen »an der Kritik ihrer Auffassung von der Geschichte« (ebd.).

Bultmann nennt folgende zwei Hauptversäumnisse der liberalen Theologie:

1. Im Vertrauen darauf, das Jesusbild von der Last der Dogmatik zu befreien und das echte historische Jesusbild, auf das der Glaube sich gründen kann, zu gewinnen, habe man verkannt, daß alle historischen Ergebnisse nur eine relative Geltung haben. Die Liberalen hätten übersehen, »daß die Welt, die der Glaube erfassen will, mit der Hilfe der wissenschaftlichen Erkenntnis überhaupt nicht erfaßbar wird« (S. 4).

2. Die historischen Ergebnisse der liberalen Theologie seien nur relative Größen innerhalb eines großen Relationszusammenhanges. Damit werde »das Christentum als innerweltliche, sozialpsychologischen Gesetzen unterworfene Erscheinung aufgefaßt« (S. 5).

Bultmanns Aufsatz aus dem Jahre 1925, »Das Problem einer theologischen Exegese des Neuen Testaments«[40], beleuchtet einen weiteren Aspekt seines Protestes gegen die liberale Theologie. Die entscheidende Frage bei der Exegese sei, ob wir dem Text »neutral« gegenübertreten und nichts anderes als ein historisches Wissen um das, was er sagt, anstreben, oder ob wir im Verfolg der Wahrheitsfrage die im Text enthaltene Sache zu uns sprechen lassen. Denn die »Geschichte ... kommt zu Wort nur, wo der Exeget bereit ist, den Text als Autorität reden zu lassen« (S. 58). Die erste Haltung sei naiv; die zweite sei die angemessene christliche Einstellung, nämlich »das Wissen um die Unsicherheit unserer Existenz, ... eine Haltung der Geschichte gegenüber, die sie als Autorität anerkennt« (S. 64) und die neutrale Distanz aufgibt.

Die theologische Arbeit Bultmanns ist vom Interesse der Interpretation geleitet. Von ihm unterscheidet er das Interesse der Rekonstruktion, nämlich der Rekonstruktion vergangener Geschichte. Zwar gebe es »nicht das eine ohne das andere, und beides steht stets in Wechselwirkung. Aber es fragt sich, welches von beiden im Dienst des anderen steht. Entweder können die Schriften des N(euen) T(estaments) als die ›Quellen‹ befragt werden, die der Historiker interpretiert, um aus ihnen das Bild des Urchristentums als eines Phänomens geschichtlicher Vergangenheit zu rekonstruieren; oder die Rekonstruktion steht im Dienste der Interpretation der Schriften des N(euen) T(estaments) unter der Voraussetzung, daß diese der Gegenwart etwas zu sagen haben«[41].

Bultmanns Art der Interpretation hat Konsequenzen besonders für die Paulusforschung gehabt. Konnte er im Jahre 1920 in Anlehnung an seine religionsgeschichtlichen Lehrer[42] noch schreiben: »... die Bekehrung des Paulus ... ist das ekstatische Erlebnis eines hellenistischen Juden, das ihn in den Bann des Kyrioskultes der hellenistischen Gemeinde zog«[43], so rücken in der Folgezeit nach seiner Hinwendung zur dialektischen Theologie objektivierende, neutrale Aussagen über die Bekehrung des Paulus in den Hintergrund. Bultmann gewinnt aus der Bekehrung des Paulus fortan einen neuen geistigen Gehalt mit einer impliziten Botschaft für den Interpreten selbst. Er schreibt: »Denn eben dieses ist *der Sinn seiner Bekehrung*: die Preisgabe seines bisherigen Selbstverständnisses ... war die gehorsame Beugung unter das im Kreuz Christi kundgewordene Gericht Gottes über alles menschliche Leisten und Rühmen. So spiegelt sie sich in seiner Theologie wider.«[44]

Hier ist allerdings zu fragen, ob die theologische Interpretation der Bekehrung des Paulus nicht zu Lasten der historischen Rekonstruktion und ihrer Bedeutung für ein angemessenes Verständnis des Apostels geht. Denn die strikt historischen Fragen nach seiner Herkunft, seinem Bekehrungserlebnis (handelte es sich um eine Vision, die späteren Schauungen entspricht oder nicht?), dem Verhältnis zwischen der ihm in der Bekehrung eröffneten Einsicht und späteren Aussagen in seinen Briefen sind nicht gleichgültig für die Frage nach dem Sinn der Bekehrung. Bultmanns Sätze erwecken den Eindruck, als ob die ganze spätere Theologie des Paulus in der Bekehrung enthalten gewesen sei, was sicher differenziert werden müßte.

Die ungewollte Konsequenz: Bultmanns Verzerrung des Judentums

Auch weiterführende Einwände gegenüber Bultmann sind vorzubringen. Sie beziehen sich darauf, daß er in seiner theologischen Exegese die von ihm behandelten historischen Objekte faktisch verzerrt.

Zu Anfang seines Buches »Das Urchristentum im Rahmen der antiken Religionen«[45] versichert Bultmann, es gehe ihm weder darum, das Christentum »als die Krönung der antiken Religionsgeschichte, als die Erfüllung ihres Sinnes« erscheinen zu lassen, noch darum, »die Gründe für den ›Sieg‹ des Christentums über seine Konkurrenten und damit seine Überlegenheit über sie aufzuzeigen« (S. 7f). Das klingt beruhigend, denn auf den historischen Nachweis der Überlegenheit des Christentums über das Heidentum und vor allem über das Judentum hatten schon genug Generationen Zeit und Mühe verschwendet.[46] So soll es bei Bultmann also nicht sein:

»Der Historiker hat keine Apologetik zu treiben und hat nicht die Wahrheit des Christentums nachzuweisen. Die Behauptung der Wahrheit des Christentums ist, wie die irgendeiner Religion oder Weltanschauung, immer Sache persönlicher Entscheidung, und die Verantwortung für diese kann der Historiker niemandem abnehmen; er hat auch nicht – wie man gerne sagt – die historischen Phänomene, die er beschreibt, hintendrein noch zu ›werten‹. Wohl aber kann er die Entscheidungsfrage als solche klären. Denn seine Aufgabe ist es, die Phänomene der vergangenen Geschichte aus den Möglichkeiten menschlichen Existenzverständnisses zu interpretieren und damit diese zum Bewußtsein zu bringen als die Möglichkeiten auch gegenwärtigen Existenzverständnisses. Er soll, indem er vergangene Geschichte lebendig werden läßt, zum Bewußtsein bringen: *tua res agitur*, es geht um dich selber« (S. 8).

Dieser Aufgabe will Bultmanns Darstellung des Urchristentums dienen:

»Sie will ... nicht historische *Forschung* in dem Sinne sein, daß sie neues religionsgeschichtliches Material bringt oder neue Kombinationen der religionsgeschichtlichen Zusammenhänge vorträgt. Solche Forschung ist in ihr vorausgesetzt. Die Aufgabe ist vielmehr die der *Interpretation*. Gefragt wird nach dem Existenzverständnis, das im Urchristentum als neue Möglichkeit menschlichen Existenzverständnisses zutage getreten ist, – oder vorsichtiger: ob oder inwiefern das der Fall ist« (ebd.).

Trotz Bultmanns Absicht, wertfrei darzustellen, läuft seine Beschreibung des Judentums doch auf dessen Verzerrung aus christlicher Perspektive hinaus. Gerade seine Hermeneutik führt ihn zu historischen Fehlurteilen, wenn er die jüdische Frömmigkeit so charakterisiert, als beruhe sie nur auf einem formalen Gehorsam (S. 82-84), wenn er den jüdischen Zeitgenossen Jesu eine Heilsunsicherheit bescheinigt (S. 85) oder wenn er meint, im Judentum sei das Verhältnis zu Gott ausschließlich ein rechtliches (S. 81f). In all diesen und zahlreichen anderen hier nicht angeführten Fällen handelt es sich um eine christlich-dogmatische Interpretation, die nicht als solche kenntlich gemacht und nur darauf berechnet ist, das christliche Heilsprinzip vor dem dunklen jüdischen Hintergrund positiv abheben zu können.[47]

In anderen Ausführungen zum Judentum betont Bultmann, daß die einschlägigen negativen Bemerkungen des Paulus theologischen Charakter hätten. Wenn Paulus beispielsweise schreibt: die Juden »suchen ihre eigene Gerechtigkeit aufzurichten und sind so der Gerechtigkeit Gottes nicht untertan. Christus ist des Gesetzes Ende« (Röm 10,3-4a); »das Gesetz richtet nur Zorn an« (Röm 4,15a); »die Beschneidung nützt etwas, wenn du (sc. Jude) das Gesetz hältst; hältst du aber das Gesetz nicht, so bist du aus einem Beschnittenen schon ein Unbeschnittener geworden« (Röm 2,25), dann seien diese Urteile vom Standpunkt des Glaubens gefällt worden.[48] Sie stützten sich also nicht auf die Empirie.

Diese These wird von Bultmannschülern der Gegenwart immer wieder gegen den Vorwurf ins Feld geführt, Bultmann treibe zum Teil antijudaistische Exegese.[49] Doch bricht an diesem Punkt eine Schwierigkeit auf: Welchen Sinn sollen Aussagen besitzen, die keinen Anhalt an der Geschichte haben, die dem historischen Wissen widersprechen und die nur vom Glauben aus gegeben werden? In der Wissenschaft, die Objektivität und Wertfreiheit anstrebt, haben sie gewiß nichts zu suchen.

Alle diese Eigenarten von Bultmanns Rekonstruktion und Interpretation haben ihren Grund darin, daß für ihn Text und Geschichte offenbar identisch sind und daß er *deswegen* die Historie, um die sich die Wissenschaft eigentlich zu bemühen hätte, nicht hinreichend berücksichtigt.

Ich gebe zwei Proben aus dem bereits zitierten Aufsatz »Das Problem einer theologischen Exegese des Neuen Testaments«:

a) »Gerade dies aber ist die entscheidende Frage: ob wir der Geschichte so gegenübertreten, daß wir ihren *Anspruch auf uns* anerkennen, daß sie uns *Neues* zu sagen hat. Geben wir die Neutralität dem Texte (= der Geschichte, G.L.) gegenüber auf, so bedeutet das, daß die *Wahrheitsfrage* die Exegese beherrscht.«[50]

b) Die »Möglichkeit einer ›objektiven‹ Exegese ist allein durch die Sachhaltigkeit der Geschichte selbst gewährleistet. Und diese kommt zu Worte nur, wo der Exeget bereit ist, den Text (= die Geschichte, G.L.) als Autorität reden zu lassen«[51].

Kritik an Bultmanns Kritik der liberalen Theologie

Auch bei Bultmann wird, trotz gegenteiliger Behauptungen, in unerlaubter Weise mit der Geschichte Schindluder getrieben. Er filtert nämlich den Wahrheitsanspruch der früh-christlichen Texte aus der Geschichte heraus, obgleich dieser Teil einer endzeitlichen Weltperspektive war, die für uns unwiederbringlich verlorengegangen ist.

Die endzeitliche Ausrichtung begann in der christlichen Tradition bei Johannes dem Täufer, der die Taufe zur Umkehr anbot (vgl. Mk 1,4), damit die Täuflinge dem nahen Zorngericht Gottes entgehen könnten. Er verband dies mit scharfen Anklagen:

»(7) Als er (sc. Johannes der Täufer) aber sah, daß viele der Pharisäer und Sadduzäer zu seiner Taufe kamen, sagte er ihnen: Otterngezücht! Wer hat euch gewiß gemacht, dem künftigen Zorn zu entrinnen? (8) Bringt also Frucht, würdig der Umkehr, (9) und meint nicht, unter euch sagen zu können: Zum Vater haben wir Abraham! Denn ich sage euch: Gott kann aus diesen Steinen dem Abraham Kinder erwecken. (10) Schon aber ist die Axt an die Wurzel der Bäume gelegt. Jeder Baum nun, der keine gute Frucht bringt, wird abgehauen und ins Feuer geworfen« (Mt 3,7-10; vgl. Lk 3,7-9).

Diese endzeitliche Perspektive setzte sich bei Jesus fort. Er kündigte das Reich Gottes an, das sich – wie er meinte – in seiner eigenen Wirksamkeit vorweg ereignete und unmittelbar bevorstand. Jesus sagte beispielsweise:

»Wenn ich aber durch den Finger (Mt: Geist) Gottes die Dämonen austreibe, dann ist das Reich Gottes zu euch gekommen« (Lk 11,20/Mt 12,28).[52]

»Wahrlich, ich sage euch: Ich werde nicht mehr von dem Gewächs des Weinstocks trinken bis zu dem Tag, an dem ich es aufs neue trinke im Reich Gottes« (Mk 14,25).[53]

Die Kirche, die anstelle des Reiches Gottes kam, und einer ihrer Hauptrepräsentanten, Paulus, übernahmen diese Naherwartung. Sie koppelten sie mit der Ankunft Jesu vom

Himmel in allernächster Zukunft. So schreibt Paulus in seinem ältesten erhaltenen Brief:

»(15) Denn das sagen wir euch mit einem Wort des Herrn, daß wir, die wir leben und übrigbleiben bis zur Ankunft des Herrn, denen nicht zuvorkommen werden, die entschlafen sind. (16) Denn er selbst, der Herr, wird, wenn der Befehl ertönt, wenn die Stimme des Erzengels und die Posaune Gottes erschallen, herabkommen vom Himmel, und zuerst werden die Toten, die in Christus gestorben sind, auferstehen. (17) Danach werden wir, die wir leben und übrigbleiben, zugleich mit ihnen entrückt werden auf den Wolken in die Luft, dem Herrn entgegen; und so werden wir bei dem Herrn sein allezeit« (1Thess 4,15-17).

Zwei Begebenheiten aus der Zeit des römischen Presbyters Hippolyt (Ende des 2. Jahrhunderts) vermitteln eine Vorstellung davon, wie die Aneignung derartiger Aussagen ausgesehen hat bzw. wie sich konkrete Fälle von Naherwartung (und ihrer Enttäuschung) zugetragen haben:

»Ich erzähle ... auch dies vorlängst in Syrien Geschehene. Denn ein gewisser Vorsteher der Kirche in Syrien ... wurde selbst getäuscht und täuschte andere: ... er betrog viele von den Brüdern, auszugehen in die Wüste mit Frauen und Kindern zur Begegnung mit Christus, die auch vergeblich in den Bergen umherirrten, so daß sie ... beinahe von einem Hauptmann wie Räuber ergriffen und umgebracht worden wären, wenn nicht seine Frau, die eine Gläubige war, ihn darum gebeten hätte, von seinem Zorn zu lassen, damit sich nicht um ihretwillen eine Verfolgung für alle ergebe.«[54]

In unmittelbarem Anschluß daran bringt Hippolyt ein weiteres Beispiel:

»Ein anderer aber ähnlich in Pontos, und auch er Vorsteher der Kirche, ein frommer und demütiger Mann, aber sich nicht fest an die Schrift haltend, sondern er glaubte mehr den Gesichten, die er selbst sah ... Und dann sprach er einst in seinem Irrtum und sagte: ›Erkennt, Brüder, daß nach einem Jahr das Gericht geschehen wird!‹ Die aber hörten, wie er sagte, daß der Tag des Herrn bevorsteht, und baten den Herrn mit Weinen und Wehklagen Tag und Nacht, den kommenden Tag des Gerichts vor Augen habend. Und zu so großer Angst und

Furchtsamkeit verführte er die Brüder, daß sie ihre Ländereien und Äcker öde ließen und die meisten ihren Besitz verkauften. Der aber sagte zu ihnen: ›Wenn es nicht geschieht, wie ich gesagt habe, so glaubt auch nicht mehr der Schrift, sondern es tue ein jeder von euch, was er will‹. Die aber erwarteten, was kommen sollte. Und als ein Jahr voll war, aber nichts von dem, was er gesagt hatte, eingetroffen war, wurde er selbst beschämt, daß er gelogen, die Schriften aber erschienen wahrhaftig. Die Brüder aber wurden als die erfunden, die Ärgernis genommen, so daß ihre Jungfrauen heirateten und ihre Männer zur Landarbeit gingen. Die aber umsonst ihr Vermögen verkauft hatten, wurden als Brot bettelnd gefunden.«[55]

Die Erwartung der baldigen Wiederkunft Christi bzw. des unmittelbar bevorstehenden Weltendes war jedoch nicht auf die Antike beschränkt. Sie zieht sich vielmehr durch die ganze Kirchengeschichte hindurch. Selbst der Reformator Martin Luther (1483-1546) war von ihr nicht frei:

»In diesem 1540. Jahr ist die Zahl der Jahre der Welt genau 5500. Daher ist das Ende der Welt zu hoffen. Denn das sechste Jahrtausend wird nicht voll werden, gleichwie die drei Tage des Todes Christi nicht voll geworden sind ... In der Frühe ist er erstanden, d.i. in der Mitte des dritten Tages ...«[56]

»Ich aber für mich lasse mir daran genügen, daß der Jüngste Tag vor der Tür sein muß, denn die Zeichen, so Christus verkündigt und die Apostel Petrus und Paulus, sind nun fast alle geschehen. Und die Bäume schlagen aus, die Schrift grünet und blühet. Ob wir den Tag nicht so eben wissen können, liegt nicht dran, ein ander mache es besser, es ist gewißlich alles am Ende.«[57]

Und so ging es fort bis in die heutige Zeit, wo Naherwartungen in christlichen Kreisen immer wieder aufflammen.[58]

Bultmann wußte um die Sinnlosigkeit solcher endzeitlichen Perspektive, ja er betont sie geradezu unermüdlich.[59] Trotzdem wollte er sich dem Wahrheitsanspruch der frühchristlichen Texte beugen und zu ihnen in ein Gehorsamsverhältnis treten.

Aber es ist eine ungerechtfertigte und geschichtlich unhaltbare Voraussetzung, diesen Anspruch sofort zur Autorität besitzenden Tatsache zu machen und hieraus gegen alle anderen Wahrheitsansprüche Schlüsse zu ziehen. Der Wahrheitsanspruch liegt im Wesen jedes Religionsstifters und jeder Religion. Mögen es Jesus, seine Nachfolger, Mohammed, der Mormonenstifter Joseph Smith[60] oder andere neue Propheten sein – alle haben Wahrheitsansprüche erhoben und Gehorsam verlangt. Damit ist das Recht, den Wahrheitsanspruch Jesu oder seiner Anhänger als allein wahr zu setzen, durch die Geschichte selbst verwirkt. Man kommt nicht weiter mit der Behauptung, nur durch Gehorsam könne man diesen Anspruch verstehen. Denn in diesem Hörigkeitsverhältnis stehen die Anhänger aller Religionsstifter. Wir müßten dann auf jedes Religionsverständnis verzichten, es sei denn, daß wir zuvor Buddhisten, Muslime, Mormonen usw. würden, um diese Religionen verstehen zu können.

Das theologische Denken des 20. Jahrhunderts hat also selbst in der Gestalt seines hervorragendsten Vertreters, Rudolf Bultmann, faktisch zu einem Biblizismus geführt, wie ihn orthodoxer Supranaturalismus unter den veränderten Bedingungen der Neuzeit sich nicht hätte besser wünschen können.[61] Das alte Inspirationsdogma ist unter der Hand wieder in voller Geltung, denn auch Bultmann zufolge ist etwas wahr, weil es in der Bibel steht, nämlich das Kerygma von Kreuz und Auferstehung Jesu. Es war daher angemessen, daß die Bischöfe der Vereinigten Evangelisch-Lutherischen Kirche Deutschlands (VELKD) im Jahre 1972 gegenüber dem mittlerweile 87jährigen Bultmann ihr »Bedauern über mißliche Verlautbarungen von einst« aussprachen und ihn ihrer »Verehrung und Hochachtung« versicherten.[62]

Diese Bedeutung Bultmanns scheint inzwischen auch evangelikalen Kreisen zu dämmern. Einer ihrer Chefideologen, Georg Huntemann, würde neuerdings lieber zu Bultmann »Bruder« sagen, als mit dem Verfasser dieses Buches »Herz und Herz vereint zusammen« singen.[63] Das ist eigentlich auch kein Wunder, denn Bultmann selbst ist sich in der Immunisierungsstrategie gegenüber dem säkularen Denken mit den Evangelikalen einig. Er hält es beispielsweise für aussichtslos, »die Theologie als Wissenschaft vor dem Forum einer ungläubigen Kultur rechtfertigen zu wollen«[64], ja, er hält dies sogar für »eine Selbstpreisgabe der Theologie« (ebd.), denn »(d)er Gegenstand der Theologie ist nur dem Glauben sichtbar, und dieser Glaube gehört selbst zu seinem Gegenstand, ja er *ist* es in dem Sinne, daß in ihm selbst Gottes Handeln, das eschatologische Geschehen sich vollzieht« (ebd.). Es ist dann auch nur folgerichtig, daß die Theologie »der Kategorien: reine Lehre und Ketzerei, nicht entraten« (S. 466) kann.

Die klerikale Theologie gerät demnach auch bei einem so hervorragenden Vertreter wie Rudolf Bultmann in eine Ausweglosigkeit des Denkens, wenn nicht noch der Glaube hinzutritt. Was mag dann aber eine Theologie leisten, die nicht mehr liberal, sondern wissenschaftlich[65] ist und die sich ihrem Gegenstand ohne Erkenntnisprivilegien nähert?

Im folgenden werden zunächst zwei unzureichende Be-
stimmungen der Theologie als Wissenschaft zurückgewie-
sen; sodann begründe ich positiv, wie Theologie fortan als
wissenschaftliche Disziplin zu betreiben ist, und werfe ab-
schließend einen Blick auf mögliche persönliche Konsequenzen für den Theologen.

Die Theologie und die Bibel als Wort Gottes

Eine Auffassung geht davon aus, die Theologie sei eine auf
die Bibel als Wort Gottes bezogene Wissenschaft. So
schreibt ein moderner Systematiker: »Die Heilige Schrift
Alten und Neuen Testaments ist das Wort des Dreieinigen
Gottes, in dem er sich zu erkennen gibt, durch das er gegenwärtig ist, spricht und handelt.«[66]

Doch findet diese Meinung in der evangelischen wissenschaftlichen Theologie überwiegend keine Zustimmung
mehr. Man hilft sich vielmehr mit Aussagen wie der, die
Bibel enthalte Gottes Wort in menschlicher Rede. Dies erlaubt dann die Anwendung historischer Kritik und gleichzeitig die Annahme, in der Heiligen Schrift spreche Gott
uns an. Zur Verhältnisbestimmung von menschlicher und
göttlicher Seite der Bibel dient besonders häufig der Satz,
die Bibel sei Gottes Wort in, mit und unter Menschenwort.[67]

Jedoch führen solche Ausführungen zu Schwierigkeiten.
Denn welcher Teil der Bibel stellt Menschen- und welcher
Gotteswort dar? Überdies wird dabei nicht beachtet, daß
»Gott« immer nur in menschlich vermittelter Rede und Tat
erscheint. D.h., wir haben es immer nur mit Gottes*bildern*

zu tun, mit menschlichen Ansprüchen, daß Gott hier und da gehandelt oder geredet habe. Wer sagt, die Bibel enthalte Menschenwort *und* Gotteswort, bedient sich derselben unklaren Ausdrucksweise, wie sie auch in der gedankenlosen Rede von »Kreuz und Auferstehung Jesu« begegnet. In beiden Fällen sind Menschenwort und Gotteswort sowie Kreuz und Auferstehung, um die Begrifflichkeit Ludwig Wittgensteins zu gebrauchen, nach der Oberflächengrammatik parallel gebildet, nach der Tiefengrammatik aber unterschiedlich. Menschenwort und Kreuz bezeichnen historische Gegebenheiten, Gotteswort und Auferstehung aber jeweils die Deutungen. Die beiden Ausdrucksweisen »Menschenwort und Gotteswort« sowie »Kreuz und Auferstehung« suggerieren demnach eine Entsprechung, die gar nicht besteht. Der unvoreingenommene Hörer sieht sich schlichtweg getäuscht, sobald er über den wahren Sachverhalt aufgeklärt wird.

Zudem ist zu beachten, daß die Auffassung, die Bibel sei Gottes Wort, erst Ergebnis eines langen historischen Prozesses ist. Dann gilt aber: In dem Moment, in dem die Kirche die biblischen Dokumente kanonisierte, wurden sie als Einzelzeugnisse ausgelöscht und auf eine höhere Ebene gehoben. Daher türmen sich vor der Rede von der Theologie als einer auf die Bibel als Wort Gottes bezogenen Wissenschaft von vornherein große Hindernisse auf.

Man muß sich beispielsweise einmal klarmachen, wieviele Dokumente in der Bibel nebeneinander stehen, die ursprünglich einander geradezu widersprechen. So hat wahrscheinlich ein Fälscher den Zweiten Thessalonicherbrief des Neuen Testaments als Ersatz für den Ersten Thessalonicherbrief geschrieben und diesen echten paulinischen Brief seinerseits dreist eine Fälschung genannt.[68] Ferner kommt hinsichtlich der vier Evangelien der begründete Verdacht auf, daß das Johannesevangelium die ihm bekannten Evangelien, Markus und Lukas, nicht ergänzen, sondern ersetzen wollte. Lukas und Matthäus wiederum haben das Markusevangelium benutzt, nicht etwa, damit es fortan mehrere Evangelien nebeneinander gebe, sondern um ihrer jeweiligen Kirche die eine gültige Evangelienschrift zu bieten. Einige nachfolgende christliche Generationen haben dies richtig verstanden, denn die Benutzung des Markusevangeliums nach Abfassung und Verbreitung des Matthäus- sowie des Lukasevangeliums geschah außerordentlich selten. Dies änderte sich erst, als das Markusevangelium Bestandteil des Viererevangeliums und anschließend des Kanons wurde.

Was heißt es also, wenn man ernsthaft die Theologie als eine auf die Bibel als Wort Gottes bezogene Wissenschaft bezeichnet? Die Einzeldokumente lesen und zu verstehen suchen? Dann aber verlieren sie unweigerlich den ihnen zugeschriebenen Charakter als Wort Gottes für uns, das zu sein sie gar nicht beansprucht haben, und der Kanon müßte abgeschafft werden. Bedeutet es, die Dokumente im Rahmen des Kanons zu lesen? Dann betrieben wir eine Auslegung gegen die einzelnen Zeugnisse, was aus Respekt vor den damals schreibenden und sprechenden Personen auszuschließen ist.

Die Voraussetzung, die Theologie sei eine auf die Bibel als Wort Gottes bezogene Wissenschaft, scheitert also an der schlichten Tatsache, daß die Bibel gar nicht Gottes Wort ist. Sie ist Menschenwort, und dies gilt für jede ihrer Schriften, jedes Kapitel und jeden Vers.

Die Theologie und der Wahrheitsanspruch
der christlichen Rede von Gott

Zum Verhältnis von Theologie und Wissenschaft
in neueren Dogmatiken

Eine andere Auffassung von Theologie bestimmt ihre Aufgabe so, daß sie den Wahrheitsanspruch der christlichen
Rede von Gott voraussetzt und gedanklich ausführt:

So ist Theologie, Wilfried Joest zufolge, »Reflexion in
bezug auf christlichen Glauben, die den Grund dieses Glaubens in Gottes Selbstbekundung in Jesus Christus voraussetzt und ... danach fragt, wie solcher Glaube in Entsprechung zu seinem Grund inmitten heutiger Wirklichkeitser-
fahrung zu vertreten ist«[69]. Joest geht weiter davon aus,
»daß Theologie dem Interesse an der Verkündigung der
zum Glauben rufenden Christusbotschaft verpflichtet und
damit dem Auftrag der Kirche verbunden ist« (S. 252), und
fährt wenig später fort: »Es dürfte allerdings nicht möglich
sein, diese universale Bedeutung der Christusbotschaft ...
durch rationale Beweisführung allgemein einleuchtend zu
machen« (ebd.).

Horst Georg Pöhlmann schreibt: »Wenn die Neutralität
oder Voraussetzungslosigkeit das Wesen der Wissenschaft
ausmacht, dann ist die Theologie keine Wissenschaft. Denn
sie geht von der Voraussetzung des Glaubens an Gott aus
und muß dies von ihrem Erkenntnisgegenstand her tun. Gott
ist unvordenklich. Gott ist *vor* der Wissenschaft von
Gott.«[70]

In ähnlicher Weise definiert Wilfried Härle Theologie
von vornherein als eine »Funktion des Glaubens«. Entspre-

39

chend sei *christliche* Theologie eine Funktion des *christlichen* Glaubens.[71] Das besage zum einen, daß es »christliche Theologie nur (sc. gibt), weil, solange und sofern es den christlichen Glauben gibt« (S. 10), und zum anderen, daß christliche Theologie dem Glauben diene (ebd.). Deshalb könne die Theologie auch zur Adressatin möglicher Kritik werden, die sich ihrerseits auf den Glauben beruft (S. 11).

Zwar betont Härle, die Frage, »ob persönlicher Glaube ... eine notwendige Bedingung theologischer Arbeit sei«, sei zu verneinen (S. 20). Jedoch schränkt er dies in eigentümlicher Weise sofort wieder ein, wenn er in unmittelbarem Anschluß fortfährt, »daß sachgemäße theologische Arbeit nur einem Menschen möglich ist, dem sich die Sache der Theologie, also der Glaube, so erschlossen hat, daß er dessen Wahrheitsgehalt und seine Bedeutung versteht« (ebd.).

Von daher verwundert es nicht, daß Härle schließlich noch einen »wissenschaftsethischen Aspekt« der Frage ins Spiel bringt und ausführt:

»Kriterium in wissenschaftsethischer Hinsicht ist nicht der persönliche Glaube eines Menschen, sondern seine persönliche Bereitschaft, dem Glauben zu dienen ... Ein Mensch kann so lange aufrichtigerweise Theologe sein, als diese Bereitschaft bei ihm vorhanden ist. Es ist freilich nicht zu sehen, wodurch diese Bereitschaft bei einem Menschen begründet sein könnte, der zu der *Überzeugung* gekommen ist, daß es sich beim christlichen Glauben um Irrtum oder Lüge handelt. Wenn diese Überzeugung sich nicht als momentaner Zustand oder als Station in einem Entwicklungsprozeß, sondern als Resultat sorgfältiger Prüfung und Erwägung einstellt, dann erscheint die Trennung von der Theologie als die einzig redliche Konsequenz« (S. 20f).

Härle fügt hinzu: Aus der Sicht des christlichen Glaubens könne man sagen, daß jemand, der diese Konsequenz zieht, Gott die Ehre gebe, indem er sich und anderen nicht vormache, daß das auf Gott verweise, was nicht den Charakter der Wahrheit habe (S. 21).

Nun ist »Wahrheit« ein vieldeutiges und erklärungsbedürftiges Wort. Ich beschränke mich daher auf die Prüfung des historischen Aspekts des Wahrheitsanspruchs der christlichen Rede von Gott und zeige seine Problematik an zwei Punkten auf: *erstens* an der historischen Relativität der biblischen Gottesbilder und *zweitens* am Zentraldatum des christlichen Glaubens, der Auferstehung Jesu.

Welcher Gott?

Die Bibel enthält – schon sichtbar an ihren verschiedenen Gottesbezeichnungen – eine Unzahl von verschiedenen Gottesbildern. Auf welchen Gott bzw. welche Aspekte von ihm will man sich denn einigen, wenn es um Wahrheitsansprüche geht, die wissenschaftlich diskutierbar sein sollen?

So haben Juden und Christen jedenfalls dasselbe heilige Buch, das Erste bzw. das Alte Testament, und damit denselben (!) Gott. Wie aber verhält sich dieser zum Gott des Neuen Testaments, der dem christlichen Bekenntnis zufolge seinen Sohn in die Welt gesandt hat? Ist nicht schon die Existenz verschiedener Religionen – Judentum einerseits, Christentum andererseits – mit derselben Bibel und demselben Gott ein starkes Argument gegen den Wahrheitsanspruch der christlichen Religion? Als Einwand gegen die Absolutheit des Christentums und seines Gottes kommt schließlich die Existenz des Islam hinzu, dessen Gottesgedanke einerseits auf der Bibel fußt und andererseits arabische Elemente enthält. (Der Allah des Koran ist schon sprachlich eine arabische Gottheit.)

Der christliche Theologe mag angesichts dieser Schwierigkeiten mit einer höheren Einsicht oder Offenbarung argumentieren. Aber dasselbe werden der jüdische und der muslimische Theologe auch tun, und beide werden nachdrücklich die christliche Lehre von der Dreifaltigkeit Gottes zurückweisen.

Zusätzlich kompliziert sich die Sache für Kirche und Israel mit Blick auf Gnostiker jüdischen und christlichen Ursprungs, die in den ersten beiden Jahrhunderten kurzerhand den alttestamentlichen Gott degradierten. So heißt es etwa in einer Schrift aus der im Jahre 1945 entdeckten Bibliothek von Nag Hammadi[72]:

»Und dann ertönte eine Stimme des Weltherrschers zu den Engeln: ›Ich bin Gott, und es gibt keinen außer mir‹ (Jes 45,5). Ich aber lachte voller Freude, als ich seine eitle Herrlichkeit prüfte. Er aber fuhr fort zu sagen: ›Wer ist der Mensch?‹ Und das ganze Heer seiner Engel, die Adam und sein Haus gesehen hatten, lachte über seine Kleinheit« (Zweiter Logos des großen Seth 53,27-54,4[73]).

Statt dessen führten diese Gnostiker göttliche Wesen ein, die über dem alttestamentlichen Gott stehen, der sich hier durch den Ausspruch aus Jes 45,5 als dieser zu erkennen gibt. Dies haben sie mit genauso großer Plausibilität getan, mir der andere Juden und Christen am Gott des Alten Testaments festhielten, so daß wissenschaftliche Urteile zum Wahrheitsanspruch der drei genannten Gruppen schwerlich möglich sind.

Es gilt also: Der Wahrheitsanspruch der christlichen Rede von Gott erliegt ebenso wie der der jüdischen, der muslimischen und der gnostischen Rede von Gott historischer Relativität. Er ist ausschließlich ein Urteil oder Bekenntnis der jeweiligen Glaubensgemeinschaft. Das muß energisch gesagt werden, da »wissenschaftliche« Theologen in der westlichen Welt, wenn sie »Gott« sagen, unter der Hand immer den christlichen Gott meinen und sofort einen Wahrheitsanspruch der Rede von ihm entfalten.[74]

Ich schließe diesen Abschnitt mit einem Zitat von Paul de Lagarde, der das eben behandelte Problem scharfsinnig so beschrieben hat: »Katholiken, Protestanten, Juden (G.L.: und Muslime) zwingen wissenschaftliche Vorlesungen über Theologie zu hören, heißt ihnen erklären, daß man sie zwingen will, ihren religiösen Standpunkt aufzugeben. Zwischen Wissenschaft und jeder historisch gewordenen religiösen Gemeinschaft ist ein Abgrund. Jede religiöse Gemeinschaft muß im ausschließlichen Besitze der Wahrheit, und zwar der ganzen Wahrheit, zu sein glauben«.[75]

Die »Auferstehung« Jesu[76]

Der Wahrheitsanspruch der christlichen Rede von Gott steht und fällt mit der Auferstehung Jesu als einem Ereignis in Raum und Zeit.[77] Die historisch-kritische Analyse der ältesten frühchristlichen Zeugnisse, die von der Auferstehung Jesu handeln, zeigt jedoch, daß diese gar nicht stattgefunden hat. Anders gesagt, als Geschehen außerhalb der ersten Christen ist die Auferstehung ein Nichts.

In der ältesten Quelle des Auferstehungsglaubens, dem *Ersten Korintherbrief*, erinnert Paulus die Adressaten zunächst daran, was er ihnen bei der Gründung der Gemeinde überliefert hat (15,1.3a), und betont, daß er dies selbst – wohl bald nach seiner Bekehrung (ca. 34 n.Chr.) – empfangen habe (V. 3b). Es ist nun ein großer Glücksfall für die historische Rekonstruktion, daß der Apostel im Anschluß daran diese auch in chronologischem Sinn vorpaulinische Überlieferung noch einmal zitiert. Sie lautet in V. 3c-5:

»(3c) Daß Christus für unsere Sünden starb nach den Schriften
(4) und daß er begraben wurde
und daß er auferweckt worden ist am dritten Tage nach den Schriften
(5) und daß er dem Kephas erschien, dann den Zwölfen.«

In dieser Tradition, die aus einem parallel gebauten Zweizeiler besteht, geht es um einen je doppelten Beweis: einerseits aus den Schriften, auf die jedoch nur allgemein verwiesen wird, und andererseits aus einer bestätigenden Tatsache: Die Aussage über das Begräbnis Jesu bekräftigt die Tatsächlichkeit seines Todes, und die Aussage über die Erscheinung vor Kephas und den Zwölfen bekräftigt die Tatsächlichkeit der Auferweckung. Die Aussage über das Begräbnis wird demgegenüber nicht mit der Auferweckung Jesu in Verbindung gebracht, etwa so, daß das Grab leer gewesen und also Jesus auferstanden sein muß. Hätte Paulus von einer Tradition des leeren Grabes gewußt, wäre nicht einzusehen, warum er sie gegen die Korinther nicht ins Spiel brachte, denn diese stellten eine Auferstehung der Toten in Abrede (vgl. 1Kor 15,12: »Wenn aber Christus verkündigt wird, daß er von den Toten auferweckt worden ist, wie sagen dann einige unter euch: ›Es gibt keine Auferstehung der Toten‹?«).

Daraus ergibt sich: Bereits vor der Bekehrung des Paulus wurde die Aussage: »Gott hat Jesus von den Toten erweckt«, durch die Erscheinung vor Kephas bekräftigt, nicht aber unter Hinweis auf ein leeres Grab.

Es ist weiterhin zu beachten, daß sich die Überlieferung bereits aus disparaten Traditionselementen zusammensetzt. Die Aussage von Jesu Auferstehung bzw. Auferweckung und die von Jesu Tod »für unsere Sünden« stehen beispielsweise ursprünglich nicht nebeneinander und sind erst auf der Stufe der vorpaulinischen Tradition zu katechetischen Zwecken zusammengestellt worden. Die viermal gebrauchte Konjunktion »daß«, die vielleicht auf Paulus selbst zurückgeht, gibt dabei auch äußerlich zu erkennen, daß hier verschiedene Formeln aneinandergereiht worden sind. Diese disparate Tradition muß Grundlage aller weiteren Analysen sein.

Die Rekonstruktion der historischen Fakten auf der Grundlage von 1Kor 15,3c-5 führt unter Hinzuziehung anderwärts gewonnener geschichtlicher Daten zu folgenden Ergebnissen: a) Jesus ist am Kreuz – einer römischen Hinrichtungsart – gestorben; b) seine Bestattung nahm ein Fremder vor, wobei die Kenntnis des Bestattungsortes Jesu in der Urgemeinde großen Zweifeln ausgesetzt ist; c) die Jünger sind aus Entsetzen darüber, was mit Jesus geschah, nach Galiläa geflohen (Mk 14,50); d) Petrus hat Jesus während der Festnahme verleugnet, d.h. er hat ihn verlassen, um der drohenden eigenen Kreuzigung zu entgehen.

Wie aber steht es mit der Behauptung des Markus und aller ihm folgenden Evangelisten, daß das Grab Jesu leer gewesen sei? In der ältesten Quelle, 1Kor 15, wird kein leeres Grab erwähnt. Hier findet sich, wie gesagt, nur die den Tod Jesu bekräftigende Aussage, daß er begraben worden ist. Zudem ist zu beachten, daß Paulus die »Auferstehung«

von Fleisch und Blut ausdrücklich ablehnt (vgl. 1Kor 15,50: »Fleisch und Blut werden das Reich Gottes nicht ererben«). Ebenso ist das Bild vom Samenkorn, das sterben muß (1Kor 15,36f), auch daran orientiert, daß – konkret gesprochen – der alte Leib verwest. Schon deshalb ist ein Interesse des Apostels am leeren Grab fraglich.

Eine andere Frage ist, ob sich Paulus das Grab auf Nachfrage als leer vorgestellt hätte. Johannes Weiß vermutete mit gutem Grund, Paulus werde sich die Auferstehung Christi gedacht haben wie die der Christen: »Die Toten werden unvergänglich auferweckt werden« (1Kor 15,52), d.h., »Christus wird mit einem schon verklärten Leibe das Grab verlassen haben«.[78]

Wir stehen also vor einem Dilemma. Denn *einerseits* kennt Paulus keine Zeugnisse für das leere Grab, *andererseits* stellt er sich die Auferstehung Jesu vermutlich körperlich vor, was ein Hervorgehen des Leibes Jesu aus dem leeren Grab zu verlangen scheint. Dies gilt wohl auch, wenn Jesus das Grab mit verklärtem Leibe verlassen hat, denn das Schicksal des physischen Leibes Jesu dürfte trotz 1Kor 15,50 für Paulus nicht ohne Belang gewesen sein.

Nun betont Wolfhart Pannenberg: »Wer das Faktum des leeren Grabes Jesu bestreiten will, muß den Nachweis führen, daß es unter den zeitgenössischen jüdischen Zeugnissen für den Auferstehungsglauben Auffassungen gegeben hat, wonach die Auferstehung des Toten mit dem im Grabe liegenden Leichnam nichts zu tun zu haben braucht.«[79]

Gesetzt den Fall, daß die Juden im Palästina des ersten Jahrhunderts, soweit sie die Lehre einer Auferstehung vertraten – die Sadduzäer taten das nicht (vgl. Mk 12,18) –, diese körperlich dachten, so folgt daraus bezüglich der Auferstehung Jesu doch keinesfalls die Faktizität des leeren Grabes. Denn was damals unter bestimmten weltanschaulichen Voraussetzungen gedacht werden *mußte*, ist für uns heute noch lange kein Faktum. Den Ausschlag können allein die Quellen geben (s. sofort).

Die nach 1Kor 15 älteste Quelle ist *Markus 16,1-8*:

»(1) Und als der Sabbat vergangen war, kauften Maria von Magdala und Maria, die Mutter des Jakobus, und Salome wohlriechende Öle, um hinzugehen und ihn zu salben. (2) Und sie kamen zum Grab am ersten Tag der Woche, sehr früh, als die Sonne aufging. (3) Und sie sprachen untereinander: Wer wälzt uns den Stein von der Tür des Grabes? (4) Und sie sahen hin und wurden gewahr, daß der Stein weggewälzt war; denn er war sehr groß. (5) Und sie gingen hinein in das Grab und sahen einen Jüngling zur rechten Hand sitzen, der hatte ein langes weißes Gewand an, und sie entsetzten sich. (6) Er aber sprach zu ihnen: Entsetzt euch nicht! Ihr sucht Jesus von Nazareth, den Gekreuzigten. Er ist auferweckt worden, er ist nicht hier. Siehe da die Stätte, wo sie ihn hinlegten! (7) Geht aber hin und sagt seinen Jüngern und Petrus, daß er vor euch hingehen wird nach Galiläa; dort werdet ihr ihn sehen, wie er euch gesagt hat. (8) Und sie gingen hinaus und flohen von dem Grab; denn Zittern und Entsetzen hatte sie ergriffen. Und sie sagten niemandem etwas; denn sie fürchteten sich.«

Die Erzählung besteht aus drei Teilen: Die Frauen sind zunächst auf dem Weg zu Grab (V. 2-4), dann im Grab (V. 5f), und schließlich flüchten sie vom Grab weg (V. 8). Eigentlich entdecken sie gar nicht das leere Grab, sondern den Jüngling, dessen Verkündigung: »Jesus ist auferweckt worden« (V. 6), das Zentrum der Geschichte bildet. Steht also fest, daß die Erzählung nach Gesichtspunkten des erzählerischen Ablaufs gestaltet ist, stellt sich sofort die Frage nach der Historizität der in ihr geschilderten Ereignisse.

Oft wird gewissermaßen eine *Subtraktionsmethode* angewandt, wobei man, um einen historisch zuverlässigen Bericht zu rekonstruieren, lediglich die unglaubwürdigen

Aussagen der Erzählung (V.1: die Salbung am dritten Tag; V. 3f: das Nachdenken über den Rollstein genau in dem Augenblick, als die Frauen sehen können, daß er schon weggewälzt ist; V. 5: die Erscheinung des Engels; V. 8: das Schweigen der Frauen über das geöffnete Grab) eliminiert.

Bei Anwendung dieser Methode bleibt freilich vielfach nur der Befund übrig, daß drei namentlich genannte Frauen am dritten Tag das Grab besucht haben, zuweilen aber auch, daß das von ihnen vorgefundene Grab leer war[80].

Dieser zuletzt genannte Vorschlag setzt jedoch *erstens* voraus, daß die Begräbnisstätte Jesu bekannt war, was erheblichen Zweifeln unterliegt. *Zweitens* rechnet er gegen Mk 16,8 damit, daß die Frauen den Jüngern doch etwas von der Entdeckung des leeren Grabes erzählt hätten. *Drittens* ignoriert er die Tatsache, daß in Mk 16,1-8, strenggenommen, gar nicht die Entdeckung des leeren Grabes, sondern die Verkündigung des Auferstandenen (V. 6) am leeren Grab erzählt wird. *Viertens* weiß ich nicht, wie Hans von Campenhausen und alle, die ihm folgen, der fatalen, aber in derselben Art verfahrenden und auf der Subtraktionsmethode beruhenden Rekonstruktion von Kirsopp Lake entgehen wollen: Dieser hatte vorgeschlagen, Mk 16,1-8 liege ein Bericht zugrunde, nach dem die namentlich genannten Frauen am dritten Tag das Grab Jesu aufsuchen wollten und ein geöffnetes Grab irrtümlich für Jesu Grab gehalten hätten. Ein in der Nähe stehender Jüngling habe sie über ihren Irrtum aufklären wollen und gesagt: er sei nicht dort, wo sie ihn suchten. Doch sei es dann schon zu spät gewesen, die Frauen hätten sofort zu phantasieren angefangen.[81]

Als Fazit ergibt sich also zwingend: Mk 16,1-8 ist als Argument für die Historizität der Aussage, das Grab Jesu sei leer gewesen, wertlos.

Da alle anderen neutestamentlichen und frühchristlichen Quellen zum leeren Grab auf Mk 16 basieren, besitzen wir keine einzige zuverlässige Quelle zum leeren Grab. So sind die Unterschiede zum Mk-Bericht in der Mt-, Lk- und Joh-Erzählung auf die jeweiligen späteren Evangelisten zurückzuführen, die z.B. alle gegen Markus davon berichten, daß die Frauen den Jüngern Mitteilung vom leeren Grab gemacht haben. Sie glätten und harmonisieren an dieser Stelle also nur die anstößige Nachricht des Markus, die Frauen hätten die Kunde von der Auferweckung nicht weitererzählt, sondern seien aus Furcht geflohen.

Eine historische Analyse der urchristlichen Auferstehungsverkündigung führt also nicht zur Feststellung eines übernatürlichen Ereignisses (des Entschwindens Jesu aus dem Grab), sondern zum Konstatieren des plötzlich entstandenen Osterglaubens. Anders gesagt, die Auferstehung Jesu fand nicht im Grab von Jerusalem statt, sondern in den Herzen der Jünger und Jüngerinnen. Dieser Osterglaube schlug sich in dem theologischen Satz »Gott hat Jesus von den Toten erweckt« nieder und wurde bekanntlich fester Bestandteil des christlichen Bekenntnisses.

Aber was konkret hat die Jünger zu diesem Satz veranlaßt? An anderer Stelle[82] habe ich ausführlich begründet, daß die Ostererfahrungen der ersten Christen als Visionen zu bezeichnen sind. Visionen sind Erscheinungen von Personen, Dingen oder Szenen, die keine äußere Wirklichkeit haben. Ausgangspunkt für die These, daß die ältesten Ostererfahrungen Visionen sind, ist Paulus, dies allerdings nur unter der Voraussetzung, daß die Erscheinung vor ihm (1Kor 15,8) von derselben Art war wie die vorher genannten Erscheinungen. Da aber der Apostel seine Begegnung mit Jesus vor Damaskus mit den Erscheinungen vor den früheren Zeugen parallelisiert, ist diese Voraussetzung gut begründet.

Die konkrete Füllung von »er erschien« (1Kor 15,8) ergibt sich aus anderen Texten, in denen Paulus auf das Damaskusereignis zu sprechen kommt: So berichtet Paulus 1Kor 9,1 davon, bei seiner Bekehrung Jesus gesehen zu haben. Dabei verwendet er die 1. Person Perfekt des Verbs »sehen«, wohlgemerkt als eine Form des Aktivs. Er drückt hier also denselben Sachverhalt wie in 1Kor 15,8 als eigene aktive sinnliche Wahrnehmung aus. Offensichtlich denkt Paulus hier an ein Sehen Jesu in seiner verwandelten Auferstehungsleiblichkeit, auf die er später in 1Kor 15 zu sprechen kommt. (Weitere Hinweise auf das Damaskusereignis sind Gal 1,15f; Phil 3,8 und vielleicht 2Kor 4,6.)

Da nun Paulus in 1Kor 15,8 in bezug auf sich dasselbe Verb gebraucht wie in bezug auf alle Personen, denen Jesus erschienen ist, ist es eine gut begründete Annahme, daß die anderen in 1Kor 15 genannten Personen ähnlich wie Paulus im Rahmen ihres eigenen Weltbildes Jesus in seiner Herrlichkeit gesehen haben.

Nun wurde eingangs (S. 43) festgestellt, daß die Auferstehung Jesu gar nicht stattfand, obwohl – das sei an dieser Stelle betont – die Menschen zur Zeit Jesu wörtlich an die Auferstehung geglaubt haben; das kann und darf man nicht durch ein theologisches Verwirrspiel relativieren. Jedoch ändert sich damit nichts an der Tatsache, daß der Leichnam Jesu nicht auferstand, sondern verweste. Dann aber gilt auch: Wenn der Leib Jesu nicht wiederbelebt wurde, hilft auch keine Wiederbelebung der Mythen darüber hinweg. Die leibliche Auferstehung ist und bleibt ein Nichts.

Exkurs: Der neueste *systematisch-theologische* Versuch zur Auferstehung Jesu von Joachim Ringleben[83] hat mich ratlos gemacht. Der Vf. postuliert einseitig, daß die Theologie in allen ihren Disziplinen immer neu lernen müsse, »auf die Schrift *im Ganzen* zu hören« (S. 5). Dem entspricht die harmonistische Behandlung des Osterzeugnisses bzw. der Ostererzählungen des Neuen Testaments (S. 105: Man solle »den Unterschied zwischen den Ostererscheinungen der Evangelien und der Erscheinung vor Paulus nicht übertreiben oder gegeneinander ausspielen«). Weiter geht der Vf. an keiner Stelle auf die Ostererscheinungen außerhalb des Neuen Testaments ein. Es reicht nicht aus, zu sagen, daß die Urgemeinde die Ostererscheinungen begrenzt habe (S. 100-102). Wenn man schon so verfährt, dann muß auch gesagt werden, daß Paulus dem lukanischen Werk zufolge gar keine Oster-, sondern eine viel spätere Erscheinung gehabt hat und daß die Urgemeinde dieser äußerst skeptisch gegenüberstand. Aber der Vf. läßt sich auf diese historischen Fragen gar nicht ein und setzt von vornherein voraus: »An die Auferstehung zu glauben, ist nicht schwerer oder leichter, als überhaupt an Gottes Wirklichkeit zu glauben« (S. 49 Anm. 102)[84]. *Um welchen Gott geht es hier?* Angesichts der zahlreichen Gottesbilder zur Zeit des frühen Christentums und heute kann man sich nicht harmonisierend auf einen Gott beziehen.

Schließlich konstatiert der Vf., daß »jede enge Fixierung auf das Thema dergestalt, daß man über das isolierte Mirakel der Wiederbelebung eines Leichnams streitet ... oder über die ... scheinbar hart realistische Frage, ob das Grab Jesu leer gewesen sei oder nicht«, theologisch abwegig sei (S. 3). Aber wenn er sagt, daß der Leichnam Jesu »weder entwendet wurde noch auch natürlich verwest ist« (S. 110) und »daß sich an Jesus in einer Art ›Zeitraffung‹ antizipatorisch auch im Leiblichen vollzogen hat, was sich im Eschaton mit den Leibern aller Gestorbenen begeben wird« (ebd.), dann setzt er nicht nur das leere Grab voraus, sondern dann zeigt er sich auch über das, was seines Erachtens theologisch abwegig ist, erstaunlich gut informiert. Zwar lehnt er den Begriff »Wiederbelebung« ausdrücklich ab; aber seine statt dessen aufgestellte These, Jesu toter Leib sei von Gott neu- bzw. wiedererschaffen, d.h. schöpferisch in Gottes ewiges Leben aufgehoben worden (ebd.), ist eine Notauskunft, die an der Empirie vorbeigeht und keine klare Antwort auf die Frage gibt, was mit dem Leichnam Jesu wirklich geschehen ist.

Ich halte die Konstruktionen des Vf.s also für historisch nicht möglich. Ich möchte ihnen aber nicht unter ihren eigenen metaphysischen Bedingungen begegnen, sondern nur noch auf den hohen – um nicht zu sagen: den uneinlösbaren – Anspruch hinweisen, den die These des Vf.s erhebt: Die Auferstehung Jesu habe »eine objektive Bedeutung ... für die Geschichte der Welt, ja mit Jesu Tod zusammen« sei sie »deren Wendepunkt ... und zugleich ein Ereignis auch von kosmischer Bedeutung« (S. 47 Anm. 93). Frage: Wie kann angesichts der Geschichte der Welt davon noch die Rede sein? Was im ersten Jahrhundert vielleicht noch als Hoffnung akzeptabel war, ist es noch lange nicht 2000 Jahre später. Die dogmatische Theologie muß von ihrem hohen Stuhl der Erkenntnisprivilegien herunter, um mit den

Humanwissenschaften und den historischen Wissenschaften wieder einen ernstzunehmenden Dialog führen zu können. –

Die Theologie als wissenschaftliche Disziplin

Historische Methode

Die Theologie ist insofern eine geschichtliche Disziplin, als sie das Christentum mit Hilfe der historisch-kritischen Methode untersucht. Für die historische Methode sind drei Voraussetzungen grundlegend: die Kausalität, die Berücksichtigung von Analogien und die Erkenntnis von der Wechselbeziehung (Korrelation) der historischen Phänomene. Ihre Arbeitsweise folgt dem methodischen Atheismus der neuzeitlichen Wissenschaft (der freilich von einem dogmatischen Atheismus zu unterscheiden ist). Befreit von metaphysischen Voraussetzungen und ausgerüstet mit dem Instrumentarium historischer Kritik hat die Theologie als wissenschaftliche Disziplin geradezu eine kopernikanische Wende für alle Kirchen- und Religionsgemeinschaften zur Folge. Ihr Siegeszug durch die Universitäten der letzten drei Jahrhunderte ist eindrücklich. Sie hat sich in den geisteswissenschaftlichen Disziplinen behauptet und völlig neue Einsichten geliefert.[85]

Die historische Methode ist Teil des emanzipatorischen Prozesses wissenschaftlicher Neugierde. Sie möchte Sinngebungen nachvollziehen, d.h. verstehen, muß sich aber, will sie denn Objektivität anstreben und die Welt entzaubern, gerade deshalb von allen ihr begegnenden fremden Ansprüchen emanzipieren:

– vom Anspruch des kanonischen Status bzw. der Heiligkeit bestimmter Schriften, denn »es gibt für wissenschaftliche Exegese keinen Unterschied heiliger und unheiliger Schriften. Alle sind gleichen Schutzes gegen die Attentate ungewaschner Subjektivität ihrer Ausleger bedürftig und würdig«[86];

– vom Anspruch einer Offenbarung, da Offenbarung kein wissenschaftlicher Begriff ist;

– vom Anspruch, zwischen Rechtgläubigkeit und Ketzerei in einem über die Prüfung historischer *Ansprüche* hinausgehenden Sinn zu unterscheiden, denn hier stehen essentiell nicht entscheidbare dogmatisch-theologische Urteile einander gegenüber.

Die historische Methode verweigert eine Antwort auf die religiöse Wahrheitsfrage und kann nur verschiedene Wahrheitsansprüche registrieren und miteinander vergleichen. Sie ist darin ideologiekritisch. Als geschichtswissenschaftliches und philologisches Instrument ist sie den Methoden der Geisteswissenschaften in all ihren Ausprägungen verpflichtet. Entscheidend bei der Übernahme neuer Methoden aus den Nachbardisziplinen, Soziologie, Psychologie und Ethnologie, ist deren Überprüfbarkeit und Effizienz in der Aufhellung geschichtlicher Phänomene. Ihre Voraussetzungen »müssen revidierbar bleiben und können immer nur durch ihre erklärende und deutende Wirkung, aber nicht durch einen kirchlichen Machtwillen in Geltung erhalten werden«[87]. Dabei folgt Methodenbewußtsein organisch arbeitender Methode immer nach.

Die neue theologische oder religionswissenschaftliche Fakultät

Die Forderung der Stunde ist daher eine neue theologische oder religionswissenschaftliche Fakultät, in der alle Religionen nach den oben genannten Grundsätzen erforscht werden.[88] Sie würde sich zusammensetzen aus den Mitgliedern der herkömmlichen evangelischen und katholischen Fakultäten – allerdings in erheblich reduzierter Zahl – sowie aus Inhabern religionsgeschichtlicher, religionswissenschaftlicher und philosophischer Lehrstühle, sofern letztere die Religion zum Thema haben. Demgegenüber sind sowohl die sogenannte Systematische Theologie als auch die praktische Ausbildung der Geistlichen Aufgaben der christlichen Kirchen und der anderen Religionsgemeinschaften. Sie sind nicht Sache der Universität. Doch werden die Religionsgemeinschaften ein Interesse daran haben, daß ihre Geistlichen diese neue Fakultät besuchen, um eine gründliche Einführung in ihre eigene Religion und die anderer Menschen zu erhalten. Sie könnten beispielsweise auch einzelne Professuren finanzieren, wenn gewährleistet bleibt, daß damit keine Eingriffsbefugnisse in die Angelegenheiten der Fakultät verbunden sind.

Eine Klarstellung:
Die möglichen persönlichen Konsequenzen für den Theologen

Werden die christliche Kirche und die anderen Religionen in der vorgeschlagenen Weise erforscht, so mag hier für die persönlichen, individuellen Konsequenzen des wissenschaftlichen Theologen ein Zitat von Émile M. Cioran (geb. 1911) stehen. Denn was dieser über einen »Spezialisten der Religionsgeschichte« sagt, nämlich daß es unmöglich sei, sich diesen beim Gebet vorzustellen, läßt sich ebenso auf den wissenschaftlichen Theologen übertragen:

»... wenn er tatsächlich betet, dann verrät er seine Lehre, widerspricht sich selbst, schadet seinen *Abhandlungen*, in denen es keinen *wahren* Gott gibt, da alle Götter als gleichwertig behandelt werden. Es ist müßig, sie zu beschreiben und scharfsinnig zu kommentieren; er kann ihnen kein Leben einhauchen, nachdem er ihnen das Mark ausgesogen hat, sie miteinander verglichen und, um ihr Elend voll zu machen, so lange gerieben und poliert hat, bis nur noch blutleere, für den Gläubigen nutzlose Symbole übriggeblieben sind. Es ist müßig, noch anzunehmen, daß in diesem Stadium der Gelehrsamkeit, Desillusionierung und Ironie noch irgend jemand da wäre, der wahrhaft glaubt. Wir alle ... sind *Möchtegern*-Gläubige; wir sind alle religiöse Geister ohne Religion.«[89]

Mögen die persönlichen Konsequenzen in den Biographien der einzelnen Religionswissenschaftler auch verschieden ausfallen – in jedem Fall ist klar, daß es nur *eine* Wissenschaft geben kann, die sich mit Religionen der Vergangenheit und Gegenwart beschäftigt. Alle Versuche, an dieser Stelle die streng wissenschaftliche Foschung zu ermäßigen oder gar zu »pluralisieren«, setzen sich dem Verdacht aus, es mit der wissenschaftlichen Aufgabe nicht ernst zu meinen. Dazu gehören auch alle Versuche, den persönlichen Glauben in die Wissenschaft einfließen zu lassen, indem man die Erforschung nichtchristlicher Religionen zu dem apologetischen Zweck mißbraucht, ihre Unvollkommenheiten aufzuweisen, oder indem man allgemein einer Religionswissenschaft des Verstehens das Wort redet, was auf eine Gleichsetzung mit offenbarungsgläubiger Theologie hinauslaufen würde.[90]

Die subjective Kritik des Einzelnen ist ein Brunnen-
rohr, das jeder Knabe eine Weile zuhalten kann: die
Kritik, wie sie im Laufe der Jahrhunderte sich objec-
tiv vollzieht, stürzt als ein brausender Strom heran,
gegen den alle Schleusen und Dämme nichts vermögen.

David Friedrich Strauß[91]

Das natürliche Verhältnis der Theologie zur Religion ist keines der Freundschaft, sondern der Feind-
schaft. Man kann die Theologie den Satan der Religion nennen. Die Theologie kann keine Religion
schaffen, sondern bestenfalls eine Religion, die man
sonst hat, stützen und stärken, aber eben darum auch
die Religion kosten.

Franz Overbeck[92]

II

Das Wissenschaftsverständnis
der Religionsgeschichtlichen Schule

Vorläufige Orientierung

Die Religionsgeschichtliche Schule (RGS) bezeichnet den
vorläufigen Höhepunkt protestantischer Bibelforschung.
Ihre historische Arbeitsweise und die sie leitenden Voraussetzungen sind nach der rund ein halbes Jahrhundert wäh-
renden Vorherrschaft enger theologischer Exegese wieder
aktuell. Als Einstieg in das Thema seien fünf Grundsätze
genannt, die gleichsam als das »Bekenntnis« der RGS betrachtet werden können. Sie mögen hier zur vorläufigen
Orientierung dienen:

»1. Das Gesetz der moralischen Voraussetzungslosigkeit aller Wissenschaft.

2. Das Gesetz der Unverbrüchlichkeit der wissenschaftlichen Methode, die alle Weltgebiete nach ihrer Besonderheit ordnet unter den gemeinsamen Regeln der Vernunft.

3. Das Gesetz des Respektes vor der nackten Wirklichkeit, ohne den alle Wissenschaft, die Theologie zumal, eitel Wind und Dunst ist.

4. Das Gesetz der Ehrfurcht vor dem letzten Geheimnis, das allenthalben der Neugier des Wissens auf die höchsten Fragen die Antwort verweigert. Oder: das Gesetz der Demut der Vernunft vor der Unergründlichkeit alles Lebens – ohne welche Demut die Wissenschaft ein fades Geschwätz ist.

5. Das Gesetz der Aufrichtigkeit, die jede wissenschaftliche Überzeugung auf den deutlichsten, den deutschesten Ausdruck zu bringen sich treulich bemüht.«[93]

Historische Einführung

Als RGS wird eine Gruppe von deutschen protestantischen Theologen des ausgehenden wilhelminischen Kaiserreichs bezeichnet, von denen die meisten Neutestamentler waren. Ihre Hauptüberzeugung war, daß Religion nichts Feststehendes, sondern etwas sich Entwickelndes, der menschlichen Geschichte Unterworfenes sei. Die RGS war keine theologische Schule im Sinn der Nachfolge einer Einzelperson, deren Gedanken aufgenommen und weitergeführt wurden. Vielmehr ist sie in einem längeren Entstehungsprozeß von ca. fünfzehn Jahren hervorgegangen aus der Lebens- und Arbeitsgemeinschaft von jungen Theologen, die sich ab 1886 vornehmlich in Göttingen habilitierten.

Dieser Gruppe um Albert Eichhorn (1856-1926) und William Wrede (1859-1906) gehörten auch die Studenten Hermann Gunkel (1862-1932), Heinrich Hackmann (1864-1935), Alfred Rahlfs (1865-1935) und Johannes Weiß (1863-1914) an. Zu ihr stießen bald Wilhelm Bousset (1865-1920), Ernst Troeltsch (1865-1923) und Wilhelm Heitmüller (1869-1926). Die kompromißlose, keinen dogmatischen Zwängen unterworfene Beschäftigung mit frühchristlichen Texten in streng historischem Geist trug ihnen rasch den Vorwurf ein, Radikale zu sein. Wie ihr »Radikalismus« auf Studenten wirkte, geht aus folgendem Brief eines Augenzeugen hervor:

»Kaum aktiv geworden, nahm mich Wilhelm (sc. Lueken[94]) mit auf den Bummel zum Rohns (sc. bei Göttingen) hinauf und erzählte mir unterwegs, Strauß' Leben Jesu[95] sei recht zahm, jetzt ginge man viel weiter. Mir blieb die Spucke weg. Die um Bousset erschienen mir wie eine Horde von Bilderstürmern, die alles kurz und klein schlagen wollten. Lieber hörte ich bei Tschakert[96], von dem jene nur mit der größten Verachtung redeten, Kirchengeschichte und Symbolik und glaubte etwas von dem Geiste des Matthias Claudius[97] zu spüren. Der Mann wollte nicht klüger sein als die Bibel. Gewiß, die Elite hielt zu Bousset und Naumann[98], es gab aber auch eine Gegenströmung ... Ackerschulz sagte unumwunden, das, was die um Bousset an Politik und Religion verzapften, sei ihm zu hoch ... Wie man in Darwins Schöpfung den Schöpfer vermißt, so vermißte ich in Boussets Bibel den Heiligen Geist. Es war ja alles Menschenwerk, noch dazu eins, wo es nach Fälschungen stank. Ich konnte mich gewaltig darüber aufregen, daß der erste Petrusbrief nicht von dem Apostel geschrieben sein sollte.«[99]

Die exegetischen Prinzipien
der Religionsgeschichtlichen Schule

Wenn man im Rückblick die zahlreichen Werke der Mitglieder der RGS mustert, können die sie leitenden Fragestellungen in viererlei Hinsicht aufgeschlüsselt werden.

Der radikal-historische Ansatz

»Religionsgeschichtlich« heißt erstens: die eigene Religion ist radikal historisch zu erforschen. An diesem Punkt führten die Mitglieder der RGS das Anliegen weiter, das seit der Aufklärung innerhalb und außerhalb der Theologie Forscher wie Hermann Samuel Reimarus (1694-1768)[100], Gotthold Ephraim Lessing (1729-1781)[101] und Ferdinand Christian Baur (1792-1860)[102] mit Leidenschaft vertraten. Sie spitzten die historische Frage aber noch zu und waren gewillt, »mit den Grundsätzen historischer Forschung vollen, unerbittlichen Ernst zu machen«[103]. So ist etwa von Hugo Greßmann für Albert Eichhorn, den eigentlichen Gründer der RGS[104], die Frage überliefert, ob denn Jesus nun wirklich auferstanden sei.[105] Der darin zum Ausdruck kommende radikale historische Ansatz spiegelt sich auch in William Wredes Buch »Das Messiasgeheimnis in den Evangelien«[106] wider, dessen Ausgangspunkt die Frage ist, »ob Jesus sich für den Messias gehalten und ausgegeben habe« (S. V). Den im Markusevangelium enthaltenen Widerspruch zwischen den wiederholten Schweigegeboten Jesu hinsichtlich seiner Messianität und der oftmaligen Erkenntnis Jesu als des Messias durch die Dämonen und die Jünger erklärt Wrede mit der Hypothese, das Messiasgeheimnis sei dogmatischer Ausgleich des Messiasglaubens der frühesten Gemeinde mit einem unmessianischen Leben Jesu. Den erwarteten Einspruch gegen diese These weist er im voraus mit den Worten ab: »Wir können die Evangelien nicht anders machen; wir müssen sie nehmen, wie sie sind. Mag man darum meine Kritik radikal nennen, so habe ich nichts dagegen. Ich halte mich daran, dass die Dinge selbst manchmal am radikalsten sind und dass es dann kaum ein Vorwurf ist, sie hinzustellen, wie sie sind« (S. VI).

In ähnlicher Weise wie bei Wrede schlug sich dieser radikale historische Ansatz in Johannes Weiß' These nieder, Jesu Verkündigung sei vornehmlich zukunftsorientiert gewesen.[107] Ihn beunruhigte, daß der zeitgenössische Gedanke vom Protestantismus als Kulturmacht etwas ganz anderes sei als die Idee vom Reich Gottes bei Jesus. Dieser habe sich keinesfalls als Gründer oder Stifter des Gottesreiches verstanden, sondern erwartet, daß es durch einen übernatürlichen Eingriff Gottes in allernächster Zukunft anbrechen werde.[108]

Der Religionsvergleich

Der zweite Aspekt der Fragestellung der RGS betrifft den Religionsvergleich. Religionsgeschichtlich bedeutet hier religionsvergleichend. Diese Entwicklung ist auf dem Hintergrund der seit dem Ende des 18. Jahrhunderts erfolgenden explosionsartigen Ausweitung der Quellenkenntnis auf dem Gebiet der klassischen Philologie und Orientalistik zu sehen. Durch die ungeahnte Erweiterung des Blickfeldes wurde eine religionsvergleichende Perspektive faktisch erzwungen. Zugleich schwang immer ein stiller Einfluß Johann Gottfried Herders (1744-1803) mit, der im Jahre 1920 ein »Prophet der religionsgeschichtlichen Betrachtungsweise«[109] genannt werden konnte.

Sodann erfuhr die Religionsgeschichte einen Aufschwung durch die spekulative Religionsphilosophie Georg Wilhelm Friedrich Hegels (1770-1831). Sein großartiger Versuch, die Vielheit der Religionen zu einer Religionsentwicklung, bestehend in dem fortschreitendem Bewußtwerden Gottes (des Absoluten) im menschlichen Geist, zusammenzuordnen, hatte das Interesse auch für die fremdartig anmutenden Religionen geweckt und damit den Boden für ihren Vergleich mit dem Christentum geschaffen. In engem Anschluß an die aufblühende vergleichende Sprachwissenschaft legte Friedrich Max Müller (1823-1900) die Grundlagen für eine Religionswissenschaft. Müller ordnete seine eigene Arbeit der natürlichen Theologie zu. Diese sei die größte Gabe Gottes, die dem Menschen zuteil geworden sei; ohne sie habe geoffenbarte Religion keine Stütze und keine lebendigen Wurzeln im Herzen der Menschen.

Der Religionsvergleich innerhalb der RGS gipfelte in dem herausfordernden Satz Hermann Gunkels, das Christentum sei eine synkretistische Religion.[110] Gunkel wies mannigfache Entsprechungen christlicher Ideen zu solchen in orientalischen Religionen auf. So seien die christliche Zentralvorstellung der »Auferstehung« und die Erwartung einer himmlischen Christusgestalt bereits im Judentum vorhanden gewesen, und zwar durch orientalische Religionen vermittelt. Wilhelm Bousset arbeitete einen gnostischen Urmenschmythos heraus, welcher der neutestamentlichen Lehre von Christus zugrunde liege. Wilhelm

Heitmüller vertiefte Wredes Entdeckung der heidenchristlichen Gemeinden, indem er aufwies, daß Taufe und Abendmahl sakramentale Handlungen seien, die in keinem genetischen Verhältnis zur palästinischen Kirche bzw. zu Jesus ständen. So finde das sakramentale Essen und Trinken des Leibes und Blutes Christi seine Erklärung aus dem Studium ähnlicher Phänomene der allgemeinen Religionsgeschichte, zum Beispiel den kannibalischen Opfern der Azteken[111].

Die soziologische Fragestellung

Drittens entdeckte die RGS Elemente der Soziologie als Mittel des besseren Verständnisses des frühen Christentums. Ihre Vertreter identifizierten die Volksfrömmigkeit sowie den Kultus als Erzeuger von religiösen Überlieferungen. So erkannte Bousset apokalyptische Stoffe, wie beispielsweise die Vorstellung vom Antichrist, als Gebilde der Volksfrömmigkeit und rechnete damit, daß sie über Jahrhunderte hinweg tradiert wurden, während Gunkel in seiner Schrift zum religionsgeschichtlichen Problem des Neuen Testaments die Geschichte von Stoffen wie der Höllenfahrt, der Auferstehung des Christus und des Buches mit den sieben Siegeln sowie ihre Übernahme ins Urchristentum beschrieb. Solche Überlegungen zur Geschichte des Urchristentums führten z.B. dazu, *vor* der Darstellung der Theologie und Religion des Paulus den Kult der hellenistischen Gemeinden zu rekonstruieren, weil der Apostel von ihren Mitgliedern im Christentum unterwiesen worden sei. Gegenüber der älteren quellenkritischen Forschung wurden Bericht und Hergang nicht mehr gleichgesetzt, sondern eine radikale

Unterscheidung zwischen literarischer Form und historischem Ereignis eingeführt. Im Gefolge der Entdeckung der Tiefendimension von Geschichte betrachtete man diese nicht mehr nur als Kette von Ereignissen und Taten, die aufgrund von Quellenzeugnissen beschreibbar seien, sondern als eine Konstellation von Zuständen, Sitten und Bräuchen, Normen und Institutionen. Die so von der RGS ins Leben gerufene Formgeschichte besaß also ein soziologisches Element. Man ist geneigt, hier von einem Paradigmenwechsel gegenüber der literarischen Schule des älteren Historismus zu sprechen, da nun individuelle Struktur und soziologische Bedingtheit miteinander verknüpft wurden.

Die psychologische Fragestellung

Ein vierter und letzter Aspekt der Arbeitsweise der RGS betrifft die Entdeckung des urchristlichen Glaubens als eines psychologisch zu verstehenden Phänomens. Konkret gesagt, ihre Mitglieder wandten sich von der allgemeinen Theorie der Dogmatik ab und dem Primat der Erfahrung zu. Nach Hermann Gunkel haben wir es in der Urgemeinde gar nicht mit einer Lehre vom Heiligen Geist zu tun, sondern hauptsächlich mit einer Fülle von Schilderungen seiner Wirkungen[112]. »Geist« bezeichne dabei ein Primärphänomen, zu dem im Urchristentum – neben Glossolalie, Ekstase, Heilungen – überhaupt alles unerklärlich Gewaltige zu rechnen sei. Eine solche Anschauung vom Geist und seinen Wirkungen sei nicht spezifisch urchristlich. Sie durchziehe vielmehr das ganze Alte Testament, sei dem Judentum der späteren Zeit niemals ganz fremd geworden und habe auch auf das Verständnis der Griechen rechnen können. »Wir haben daher das Recht, dieselbe die populäre Anschauung des neutestamentlichen Zeitalters zu nennen.«[113]

Gunkel meinte, damit die Religion des Urchristentums wiederentdeckt zu haben, die aller Theologie vorgelagert sei. Er identifizierte die Religion als historisch-psychologisches Phänomen, als unmittelbare Erfahrung eines fremden Wesens, einer nicht mit dem Ich gleichzusetzenden Macht. Davon sei die Lehre oder die Spekulation vom Geiste zu unterscheiden.

Nun ist klar, daß sich diese psychologische Interpretation von Religion früher oder später mit der eigenen Frömmigkeit Gunkels und anderer Religionsgeschichtler, die ja kirchliche Theologen sein wollten, reiben würde. Dies geschah auf zweifache Weise: *Erstens* arbeitete Gunkel unter der Hand mit einem anderen Religionsbegriff und identifizierte Religion in demselben Buch, in dem er das psychologische Phänomen von Religion so lichtvoll herausgearbeitet hatte, mit Sittlichkeit. Diese Sittlichkeit finde sich z.B. auch in der Bergpredigt und bei dem Liederdichter Paul Gerhardt (1607-1676). Denn Geist und sittlich verstandene Religion seien nicht identisch; in den großen Grundgedanken der Bergpredigt hörten wir vom Geiste nichts, und Paul Gerhardt sei kein Pneumatiker gewesen.[114] Der Grund für diese Quasi-Aufwertung von Religion – von der Psychologie zur Sittlichkeit – liegt in dem nach Gunkel unendlich imponierenden Eindruck des historischen Jesus. Dieser habe dafür gesorgt, daß das Christentum seinen historisch-sittlichen Charakter nicht eingebüßt habe, und mit seinem Wort habe Jesus das Überleben des Christentums erst ermöglicht. Allerdings sind diese Bemerkungen nicht zentral in Gunkels Arbeit. Vielmehr dienen sie beschwichtigend zur Abwehr des Eindrucks, die frühchristliche Kirche habe aus einer Schar von mehr und minder Inspirierten bestanden, deren Hauptkennzeichen eine exaltierte, halb gestörte Erregtheit gewesen sei.

Zweitens äußerten auch Zeitgenossen der RGS und maßgebliche Theologen scharfe, grundsätzliche Kritik an einer rein psychologischen Fassung des Religionsbegriffs. Zwar meinte Adolf Harnack, Gunkels Büchlein über den Geist werde in der Geschichte der Theologie unvergessen bleiben. Doch äußerte er sofort sein Unbehagen gegen derartige Forschungen. Wenn er sich selbst mit diesen Fragen beschäftige, so verursache ihm das »gradezu ein körperliches Missbehagen«[115]. Ihm sei der Logos in der Geschichte des Christentums stärker als der Mythos oder die Sakramente, und »die Geschichte der Theologie und des sittlichen Lebens bleiben als Geschichte der Glaubenserkenntnis und der christlichen Lebensgestaltung doch die vornehmsten Stücke der Kirchengeschichte«[116].

Zugleich zeigt sich an dieser Kritik eine entscheidende Schwäche des Neuprotestantismus Harnacks, nämlich dort, wo er mit dem Postulat der Herrschaft des Ich-Bewußtseins verknüpft ist. Die von der RGS angebahnte Hineinnahme der Psychoanalyse in die Theologie eröffnete ganz neue Zugänge zur Welt der Religion. Harnack und seine Schüler hatten sich ahnungslos über psychische Realitäten hinweggesetzt. Mit anderen Worten: Erst die RGS hat die Tiefendimension von Religion entdeckt, die Psychoanalyse in die Theologie hineingenommen und sie als legitimen Bestandteil der historischen Rekonstruktion eingeführt (s. unten S. 69f).

Die Religionsgeschichtliche Schule und die ethische Verkündigung Jesu

Schale und Kern in der Verkündigung Jesu

Überschaut man die vier Prinzipien der Exegese der RGS, so schält sich in ihnen eine Autonomisierung des historischen Bewußtseins heraus. Doch gleichzeitig wurden alle Prinzipien von den Mitgliedern der RGS in ihrer Schlagkraft durch ein eigentümliches Jesusverständnis gezähmt. Die apokalyptischen, sakramentalen, mysterienhaften – kurz: synkretistischen – Elemente des frühen Christentums, deren Vorhandensein in anderen Religionen und deren Verwurzelung in der Gemeinde bzw. ihrem Kult man nachwies, waren, hermeneutisch gesehen, nur die Schale, die vom Kern zu trennen sei. Letzterer sei vor allem in der ethischen Verkündigung Jesu zu finden. Diese war für die RGS Mitte der Frömmigkeit und Zielpunkt der Verkündigung der Gemeinde.

Adolf Harnacks »Wesen des Christentums« als Vorbild

Adolf Harnack spricht in seiner als Buch erschienenen Vorlesung »Das Wesen des Christentums« (1900) auch für die Religionsgeschichtler, wenn er die Verkündigung Jesu vom Liebesgebot und vom Individuum her auslegt und wenn er einen religiösen Gehalt des Persönlichkeitsbegriffs voraussetzt.[117] Die Erkenntnis des apokalyptischen Charakters des Reiches Gottes in der Verkündigung Jesu wurde dabei praktisch vergessen.

Ein Blick auf Johannes Weiß kann die hier angedeutete Aporie verdeutlichen: Weiß hatte dafür plädiert, sich in der christlichen Predigt der Gegenwart über den an der unmittelbaren Zukunft (seiner Zeit) orientierten Grundcharakter der Predigt Jesu[118] hinwegzusetzen und sich statt dessen an jenen auch vorhandenen Zügen der Lehre Jesu zu orientieren, in denen sich dieser der einzelnen Seele um ihrer selbst willen annahm. Er sprach hier nämlich »Worte ... über sittliche Fragen und Geheimnisse des Glaubens, Worte von ewig bleibendem Gehalt, an denen keine Spur von nur zeitgeschichtlicher Farbe haftet«[119].

Es ist kein Wunder, daß der Overbeck-Schüler Carl Albrecht Bernoulli gegen dieses Auseinanderreißen von wissenschaftlichen Einsichten und kirchlicher Applikation nur protestieren konnte:

>»Wie konnte nur Weiß, wenn seine Erforschung des historischen Christus aus wirklicher Liebe zur geschichtlichen Wahrheit stammt, die scharfen Konturen dieser Erscheinung den alles Charakteristische verwischenden Einwirkungen seiner kirchlichen Phantasien ausliefern? ... Wir kennen Jesus als den Urheber einer unvergleichlichen, bald zweitausend Jahre anhaltenden in immer neuen Wandlungen sich darstellenden Bewegung; sobald wir also wirklich mit dem Respekt des Historikers ihm gegenüber treten, dann werden wir diese Gestalt in der Zeitferne lassen und sie nicht in unsere Nähe rücken wollen, bloß um mehr davon zu haben.«[120]

Überdies wirken konkrete Beispiele der Präsentation der so verstandenen Ethik Jesu eher abschreckend, etwa dort, wo Weiß sich in Briefen an einen Arbeiter (!) über die Unsterblichkeit der Seele und über den Wert der geistlichen Armut ausläßt.[121]

Aber dieses theologische Dach, das auf einem soliden, allein mit Hilfe der historischen Kritik errichteten Gedankengebäude nur locker aufgesetzt war, ist ebenso leicht abzuheben, wie sich seine Anfertigung vornehmlich aus apologetischen Gründen erklären läßt: Die Mitglieder der RGS wollten unbedingt kirchliche Theologen bleiben. Durchschaut man dieses geheime Motiv, so können wir heute uns davon, wenn es die Wahrhaftigkeit gebietet, ohne ein schlechtes Gewissen lösen und gleichzeitig die bleibenden historischen und religionsgeschichtlichen Erkenntnisse der RGS als richtungsweisend anerkennen.

Die Religionsgeschichtliche Schule und die liberale Theologie

Die Tiefendimension von Religion als Teil der Exegese

Es ist kein Wunder, daß die RGS gegenüber der herrschenden liberalen Theologie ihrer Gegenwart ein ambivalentes Verhältnis hatte. Einerseits knüpfte sie an ihre Hauptvertreter wie Adolf von Harnack (1851-1930)[122] an, andererseits unterschied sie sich erheblich von ihnen. Das gilt z.B. für die Auslotung der Tiefendimension von Religion. Nicht zufällig konnte Gunkels Freund und Kollege Hugo Greßmann (1877-1927) fordern, die kritische Exegese habe sich auch mit der Tiefenpsychologie zu beschäftigen.[123] Und Oskar Pfister erklärte: »Die analytische Religionspsychologie ist nur die folgerichtige Fortsetzung und Vertiefung der als selbstverständlich betrachteten historischen Bemühungen der Glaubenslehre. Sie setzt die historische Untersuchung im Leben des einzelnen fort und verfolgt sie bis ins Quellgebiet des Unbewußten. Die Arbeit ist unerläßlich, wenn sie auch ziemlich schwer zu erlernen und nicht leicht auszuführen ist. Insbesondere die Universitätstheologen sind durch ihr einseitiges Bücherstudium so sehr von der direkten Beobachtung des Menschen entzogen, daß von ihnen in der nächsten Zeit nicht viel zu erwarten steht.«[124]

Der Streit um die Einrichtung religionsgeschichtlicher Lehrstühle

Das ambivalente Verhältnis zwischen RGS und liberaler Theologie läßt sich auch noch von einer anderen Seite her beleuchten, nämlich vom Streit um die Einrichtung religionsgeschichtlicher Lehrstühle an den theologischen Fakultäten her, der durch eine Rektoratsrede Adolf Harnacks mit dem Titel »Die Aufgabe der theologischen Fakultäten und die allgemeine Religionsgeschichte«[125] im Jahr 1901 eingeleitet wurde. Harnacks Äußerungen richteten sich »gegen die, welche die theologischen Fakultäten bereits aufgelöst haben (Holland), sowie gegen die, welche die zentrale Stellung der christlichen Religion verwischen oder den wissenschaftlichen Charakter der Theologie bemängeln« (S. 180). Harnack konnte sich mit der Einrichtung eines religionsgeschichtlichen Lehrstuhls an der theologischen Fakultät nicht anfreunden, weil, verkürzt gesagt, die Fülle der Aufgaben der Allgemeinen Religionsgeschichte Dilettantismus erzeuge und weil in der christlichen Religion samt ihrer Vorstufe im Alten Testament die Breite aller möglichen religionsgeschichtlichen Phänomene gegeben sei. »Wer diese Religion nicht kennt, kennt keine, und wer sie samt ihrer Geschichte kennt, kennt alle« (S. 168).

Hatte Harnack damit zwei historische Gründe gegen die Errichtung eines Lehrstuhls für Allgemeine Religionsgeschichte angeführt, so kam er im Anschluß daran auf den theologischen Kern der strittigen Frage zu sprechen. Das Christentum in seiner reinen Gestalt sei »nicht eine Religion neben anderen ..., sondern *die* Religion« (S. 172). Die evangelisch-theologischen Fakultäten »wollen darüber keinen Zweifel lassen, daß sie sich um die Religion überhaupt bemühen, indem sie sich um das Christentum bemühen, und daß sie nicht nur die Kenntnis, sondern mit ihr auch die Geltung desselben in Kraft erhalten wollen« (S. 174). War damit indirekt bereits die Kirchlichkeit der wissenschaftlichen Theologie angesprochen, so äußerte sich Harnack dazu anschließend noch deutlicher. Zwar dürften die Forscher bei der geschichtlichen Arbeit »nicht an die Lehren und Bedürfnisse der Kirche denken« (S. 176), gleichwohl gelte der Satz: »Die theologischen Fakultäten werden nicht aufhören, sich der Kirche verpflichtet zu wissen im freien Dienst« (ebd.).[126]

Harnacks Vorbehalte gegenüber der Einrichtung eines religionsgeschichtlichen Lehrstuhls innerhalb der theologischen Fakultät hatten noch einen weiteren Grund, der in der hier behandelten Rede allerdings nicht direkt angesprochen wird und daher aus anderen Äußerungen nachzutragen ist: Harnack war besonders jene Religionsgeschichte zuwider, die von den Höhen der reflektierten und stilisierten Religion der Führer in die Niederungen der Volksreligion hinabsteigt, wo Riten, Mirakel, Superstitionen, Schwärmerei und Rohheit ihr verdächtiges Wesen treiben. Mit der wild wuchernden Volksfrömmigkeit sollten sich, so schlägt er vor, lieber »die Folkloristen befassen, die Müllkärrner der Historie«[127].

Zwar wurde Harnacks Urteil über das Verhältnis des Massiven und Rohen in den Volksreligionen zum Sublimen in den Hochreligionen von vielen Anhängern der RGS geteilt. Doch hielten sie Harnack gegenüber aus historischen Gründen daran fest, daß das Rohe und Massive eine größere Rolle im frühen Christentum (und nicht nur dort) gespielt hat, und daß, ebenso wie die Kenntnis fremder Sprachen die eigene besser verstehen lehre, die Kenntnis anderer Religionen zu einem besseren Verständnis der eigenen führe. Daher sei ein Lehrstuhl für Allgemeine Religionsgeschichte in der theologischen Fakultät wünschenswert.[128] Mit anderen Worten, der Religionsvergleich, der seit dem Beginn der RGS praktiziert und gefordert wurde, sollte jetzt in Form eines Lehrstuhls institutionalisiert werden, wobei allein historische Gründe für seine Schaffung angeführt wurden.

Ertrag

Die systematisch-theologische Arbeit der RGS bzw. ihr Beitrag zur Theorie von Religion ist Fragment geblieben, denn trotz vielfachen Bemühens wurden befriedigende Resultate von ihren Mitgliedern wohl nicht erbracht. Hugo Greßmann klagte mit Recht, daß die RGS an einem Mangel an Systematikern kranke.[129]

Einen tiefen Einschnitt bedeutete für sie, ebenso wie für die liberale Theologie bzw. für den Kulturprotestantismus, der Erste Weltkrieg. Mit dem Aufkommen der sogenannten dialektischen Theologie, deren Hauptvertreter, Karl Barth, für das Christentum kurzerhand das Prädikat »Religion« ablehnte[130], war ihr religionswissenschaftlicher Ansatz in der Theologie langfristig vom Tisch.

Dies mag im Blick auf die oben (S. 24-27) referierte Kritik Rudolf Bultmanns an der liberalen Theologie nochmals belegt werden: Diese Kritik war um so verheerender, als Bultmann die historischen Ergebnisse seiner religionsgeschichtlichen Lehrer zwar vollständig aufnahm, aber gleichzeitig durch die Geschichte hindurch – und das heißt faktisch: an ihr vorbei – zum Wahrheitsanspruch der Bibel, dem »Kerygma«, durchstieß, um sich ihm antwortend und in vollem Gehorsam zu unterwerfen. An diesem Punkt war sich Bultmann mit Karl Barth einig, und Barth konnte in einem Brief an Martin Rade faktisch dafür plädieren, Leute wie Hugo Greßmann, den »Heiden auf einem theologischen Lehrstuhl«[131], der von einer ungeschichtlichen Theologie nichts wissen wollte, an die Philosophische Fakultät zu versetzen. Er solle sich dort mit Philologen über deren Probleme unterhalten, im übrigen aber die Theologen in Ruhe lassen.[132] Greßmann hielt aber unbeirrt daran fest, daß Dogmatiker jeglicher Couleur »auf Granit beißen« würden, »solange es eine historisch-kritische Geschichtswissenschaft in der Theologie«[133] gebe.

Trotz des fragmentarischen Charakters hat die RGS ihr Anliegen einigermaßen deutlich gemacht. Sie zeichnet sich durch eine äußerst radikale Handhabung der historisch-kritischen Methode an den Grundquellen des christlichen Glaubens im Alten und Neuen Testament aus. Der Drang nach der Erkenntnis des Wirklichen, des Lebendigen führte zur Einschränkung der Quellenkritik und zur Ausbildung der traditionsgeschichtlichen Arbeit, ferner zu einer scharfen Trennung von Religion und Theologie, die als rationale Ausdrucksform des historisch-psychologischen Phänomens Religion verstanden wurde. Der radikal historische Ansatz zog die Erkenntnisse nach sich, daß *erstens* die Gemeinde Urheberin weiter Teile der urchristlichen Literatur war daß *zweitens* das mit fremdreligiösen Elementen durchsetzte Judentum die entscheidende Vorstufe des urchristlichen Glaubens bildete.

Die lebendig, fast intuitiv arbeitende Methode, welche die Publikationen der Mitglieder der RGS auszeichnet, leitete einen Paradigmenwechsel gegenüber den Vertretern des älteren Historismus und des Kulturprotestantismus ein, indem die soziale Tiefendimension der Geschichte, in ihren soziologischen Erscheinungsform sichtbar, erfaßt und die individuelle Tiefendimension der Religion neu erkannt wurde. Der Radikalismus der Handhabung der wissenschaftlichen Methode schärfte dabei die Empfindung für die besondere Bedeutung der praktischen Arbeit in Schule, Kirche und Gesellschaft der Gegenwart, die ihre Normen nicht direkt aus der Bibel ableiten könne.

Die Autonomisierung des historischen Bewußtseins der RGS führte konsequent zur Kritik an der These des Kulturprotestantismus bzw. der liberalen Theologie im Sinne Adolf von Harnacks, daß Theologie der Kirche zu dienen habe. Ich wage die Prognose, daß die deutsche neuorthodoxe Theologie in dem Augenblick von der Universität verschwindet, in dem eine wissenschaftliche Schule der Theologie endgültig in das Dasein tritt.[134] Im Grunde gilt heute uneingeschränkt, was Hugo Greßmann Anfang dieses Jahrhunderts in einem Brief an seinen Verleger geschrieben hat:

»Denn das, was jetzt seit etwa 50 Jahren durch die historische Auffassung geleistet ist, hat zu einer *Revolution* geführt, die viel größer ist als die Reformation Luthers!«[135]

Sonst war freilich die Religion die Stütze des Staates. Aber jetzt ist der Staat Stütze der Religion.

Ludwig Feuerbach, 1830[136]

Man liest jə fast nichts mehr ..., was aus der Hand
eines Theologen kommt, weil unsre theologischen
Ahnen eine hohe Mauer um sich gebaut hatten aus
Formeln und Geheimnisthuerei, berechnet, den
Laien in Unklarheit zu halten.

Heinrich Weinel[137]

Die großen wissenschaftlichen Fragen werden immer außerhalb der Theologie entschieden.

Ernst Troeltsch[138]

III

Theologie in Göttingen

Ein persönlicher Rückblick

Der Anfang als Professor in Göttingen

Als ich am 1. April 1983 eine C4-Professur für Neues Testament an der Theologischen Fakultät der Georg-August-
Universität übernahm, hatte ich, auch für deutsche Verhält-
nisse, eine Bilderbuchkarriere hinter mir. Mit dreißig Jahren
in Göttingen habilitiert, erhielt ich mit 32 Jahren als erster
Nachwuchstheologe in Deutschland das renommierte Hei-
senberg-Stipendium. Außerdem sammelte ich vor meiner
Berufung an meine Heimatuniversität noch an drei verschiedenen Orten Nordamerikas insgesamt sechs Jahre
wertvolle Auslandserfahrungen: an der Duke University in

North Carolina (1974-75), der McMaster University in Hamilton/Ontario (1977-79) und an der Vanderbilt University in Nashville/Tennessee (1979-82). Vor dem Wechsel nach Göttingen lehnte ich eine C4-Professur an der Universität-Gesamthochschule Kassel ab. Dem Ruf nach Göttingen folgte ich aus der Überzeugung heraus, daß diese Universität wie keine andere dem historischen Denken ein Heimatrecht in der Theologie verliehen habe. Göttingen bin ich auch trotz eines Rufes nach Bonn (1993) treu geblieben.

Die theologische Laufbahn in Göttingen lief gut an. Innerhalb einer relativ kurzen Zeit war es möglich, mehr als eine Million DM an Drittmitteln einzuwerben. Gleichzeitig gelang der Aufbau einer Abteilung für Frühchristliche Studien, die sich besonders dem Studium der nichtkanonischen Schriften des frühen Christentums widmet. Durch das Universitätsjubiläum im Jahre 1987 veranlaßt, gründete ich im selben Jahr das Archiv »Religionsgeschichtliche Schule«[139]. Hier wird ein besonders wichtiges Kapitel Göttinger Theologiegeschichte erforscht, das Folgen für praktisch sämtliche Gebiete der Theologie im In- und Ausland hatte und noch weiter hat[140]. Ich nenne vier besonders wichtige Bereiche[141]:

– Die Arbeiten Emil Schürers, des Anregers und Förderers der Mitglieder der RGS, der von 1895-1910 Professor für Neues Testament in Göttingen war, sowie Wilhelm Boussets[142] befruchteten in ungemeiner Weise die Erforschung der jüdischen Religion in der Zeit zwischen den beiden Testamenten. Trotz bedauerlicher antijüdischer Tendenzen, sichtbar an der negativ wertenden Bezeichnung »Spätjudentum«, entstanden in Göttingen gleichwohl Grundlagenbücher zum antiken Judentum.[143]

– Der Beitrag von Johannes Weiß über »Die Predigt Jesu vom Reiche Gottes« (1892) markiert den eigentlichen Beginn der anhaltenden Diskussion über die Naherwartung Jesu. Weiß' Ergebnisse sind in der Folgezeit zum Konsens in der neutestamentlichen Wissenschaft geworden.[144]

– Das Werk von Rudolf Otto über »Das Heilige« (1917) hat international wie kein anderes theologisches Buch im 20. Jahrhundert das Studium der Religionen geprägt.[145]

– Die Überlegungen von Ernst Troeltsch über Glaube und Geschichte sind ohne den Göttinger Kontext undenkbar und finden verstärkt internationales Interesse.[146]

Beginnende Klerikalisierung:
Jeder vierte Theologieprofessor läßt sich nachträglich ordinieren

Fast berauscht von den hervorragenden Forschungsmöglichkeiten in Göttingen und überglücklich, an der Wirkungsstätte Julius Wellhausens[147], des klarsichtigen Analytikers der Bibel, Wilhelm Boussets[148], des ungestümen Religionsgeschichtlers, und Walter Bauers[149], des bedeutenden Lexikographen[150] und Erforschers der frühchristlichen Ketzergeschichte[151], arbeiten zu können, war ich anfangs ahnungslos gegenüber einem latenten Klerikalismus innerhalb der Fakultät. Dieser schlug sich nicht nur darin nieder, daß nun vor Beginn mancher Vorlesungen Kirchenlieder gesungen wurden und daß man fortan dreimal in der Woche in den Vorlesungsräumen ein Mittagsgebet veranstaltete, sondern auch darin, daß von Mitte bis Ende der achtziger Jahre sich rund ein Viertel des Professorenkollegiums nachträglich ordinieren ließ. Damit blieben nur sehr wenige nicht ordinierte »Laien« wie ich übrig. Diese Ordination von

78

Theologieprofessoren war nach meiner Einschätzung völlig überflüssig, weil das Amt eines öffentlich bestellten Universitätsprofessors keiner Ergänzung bedarf und sein Ansehen vollständig auf der Forschungsleistung beruht.

Aber auch nach kirchlichen Maßstäben waren diese reihenweise durchgeführten Ordinationen äußerst problematisch, denn eine Ordination ist nach lutherischem Verständnis immer eine Ordination in ein Pfarramt. Davon konnte aber keine Rede sein, da diese Kollegen in der Regel nur einmal pro Semester im Universitätsgottesdienst predigten und ansonsten keinerlei geregelte pfarramtliche Tätigkeit ausübten. Daß jede einzelne Ordination jedoch aus der Sicht der Kirchenleitung eine außergewöhnliche Handlung war, ergab sich schlicht daraus, daß sie nicht vom dafür zuständigen Landessuperintendenten des Sprengels Göttingen vollzogen wurde, sondern jeweils vom Landesbischof persönlich.

Ich nahm das alles nur kopfschüttelnd wahr und schwieg betreten dazu, daß hier mehrere Universitätsangehörige den Wissenschaftsbetrieb der Theologie mit fachfremden Dingen überfrachteten. Denn was bedeutete die Ordination dieser Kollegen anderes, als daß sie bei ihrer Aufgabe, der wissenschaftlichen Erforschung des Christentums, im Zweifelsfall Partei für die Kirche ergreifen würden?

Von woher und wohin der Wind wehte, wurde vollends deutlich, als Mitglieder der Fakultät eine Stellungnahme[152] erarbeiteten, die auf das von Karl Lehmann und Wolfhart Pannenberg herausgegebene Buch »Lehrverurteilungen – kirchentrennend?«[153] eines ökumenischen Arbeitskreises reagierte. Mehr als fünfzig Theologen hatten sich in einem sowohl von der römisch-katholischen als auch von der lutherischen Kirche unterstützten Projekt der Aufgabe gestellt, zu untersuchen, ob die im 16. Jahrhundert formulierten gegenseitigen Verdammungsurteile in den lutherischen Bekenntnisschriften sowie in den Beschlüssen des Konzils von Trient in der Gegenwart noch aufrechtzuerhalten seien. In einem mehrjährigen Prozeß kamen sie zu dem Ergebnis, daß die damals formulierten Verdammungsurteile den heutigen Partner nicht mehr treffen und damit die Kirchen von heute nicht mehr die Adressaten der damaligen Verurteilungen sein können.

Ein solches auf den ersten Blick überraschendes Resultat war *erstens* aus historischen Gründen möglich, weil besseres »historisches Verständnis (sc. es) erlaubt ..., die unterschiedlichen Denkformen und Begriffsbildungen auf beiden Seiten besser zu erfassen«[154], und weil beispielsweise erkannt wurde, daß die »Aussagen der reformatorischen Rechtfertigungslehre und der anderen reformatorischen Lehrformulierungen ... nicht so unmittelbar identisch mit der Lehre der Schrift (sc. waren), wie die Reformatoren glaubten«[155]. *Zweitens* sei beiden Parteien heute die Heilige Schrift gemeinsam als normative Instanz vorgegeben[156] und damit eine Grundlage der Verständigung über strittige Fragen. Mit all dem sei zu einem besseren gegenseitigen Verstehen in der Gegenwart eingeleitet. Diese Ergebnisse, die teilweise auf einem historischen Ansatz fußen, waren und sind zweifellos beachtlich und dürften den einzig möglichen Weg vorzeichnen, die getrennten Konfessionen wieder näher zueinander zu führen.

Gegen dieses Unternehmen brachte die erwähnte Göttinger Stellungnahme folgende Einwände vor: »Das Nebeneinander von evangelischer und römisch-katholischer Kirche ist für das Dokument ein rein historisches Phänomen; als Streit um die Wahrheit wird ihr Verhältnis nicht begriffen.«[157] Weiter wird kritisiert, daß in der ökomenischen Studie die Heilige Schrift »als Summe verbindlicher Aussagen [gilt] und nicht so sehr als lebendiges Wort, d.h. als Zeugnis von Gottes geschichtlichem Handeln für uns, das überzeugt und Gewißheit schafft.«[158] Und so wird steil, ohne den Willen zur Einigung, durch das ganze Buch hindurch am bleibenden Gegensatz zwischen lutherischem und römisch-katholischem Bekenntnis festgehalten. Das Fazit lautet:

»Die Prüfung ... ist zu einem im wesentlichen negativen Urteil gekommen. Das gilt nicht allein, weil in der entscheidenden Frage, der nach dem Maßstab kirchlicher Lehre und Verkündigung, keine Einigkeit besteht ... So sehr es die Überzeugung der Reformationskirchen ist, daß auch außerhalb ihrer Grenzen die Kirche Jesu Christi besteht, erheben sie doch einen Anspruch, der sie eigentümlich auszeichnet und zum ökumenischen Widerspruch verpflichtet: Was immer und überall, wo es sie gibt, Kirche zur Kirche und Christen zu Christen *macht*, das ist in ihnen ausdrückliches Bekenntnis und bestimmt ihr Selbstverständnis als Kirche – das Evangelium von dem allein aus Gnaden und allein im Glauben rechtfertigenden Christus. Durch nichts anderes ist auch die römisch-katholische Kirche christliche Kirche. Aber sie steht mit wesentlichen Stücken ihrer Lehre und ihrer institutionellen Gestalt im Widerspruch zu eben dem Evangelium, das sie zur Kirche macht. Diesen inneren Widerspruch und die damit gegebene Gefährdung und Verdunkelung des Evangeliums aufzuheben, war Ziel der Reformation und, als das Ziel sich für große Teile der westlichen Christenheit nicht verwirklichen ließ, die treibende Kraft beim Aufbau der reformatorischen Kirchen, wobei sie sich in wahrer Katholizität mit der Alten Kirche verbunden wußten ...«[159]

Hier attackieren lutherische Dogmatiker verbissen die Versuche evangelischer und katholischer Theologen, die, historischem Denken verpflichtet, katholische und evangelische Positionen annähern wollen. Während die angegriffenen Vertreter der Annäherung pragmatisch-geschichtlich vorgehen, lassen sich die Göttinger Dogmatiker den Streit um die Wahrheit nicht nehmen. Fast könnte man den Ertrag ihres Votums mit den Worten zusammenfassen: Nur wenn ihre römisch-katholischen Kollegen samt ihrer Kirche lutherisch werden, kann es zur Verständigung zwischen den Konfessionen kommen.

Mag all das nur zum Kopfschütteln Anlaß geben und als letztlich unterhaltsames Kapitel Göttinger Theologiegeschichte aufgefaßt werden, so stimmt das Gutachten deswegen nachdenklich, weil in ihm dem Problem der Neuzeit nicht Rechnung getragen wird. Mit anderen Worten, das Göttinger Votum hätte bereits im 16. Jahrhundert abgefaßt werden können. Die historische Kritik, die vom ökumenischen Arbeitskreis ansatzweise ins Spiel gebracht wurde, kommt in ihm nicht zur Anwendung. So fehlt jegliche Berücksichtigung der Tatsache, daß Jesus das Abendmahl gar nicht eingesetzt hat, und die Rechtfertigungslehre mit ihrer juristischen Begrifflichkeit wird als fraglos plausibles Lehrstück eingeführt. Wieso ersparen es sich die Verfasser des Göttinger Gutachtens, auf die Problematik der Sprache und des Denkhorizonts der Rechtfertigungslehre einzugehen, die doch die Realität des Sühnetodes des Gottessohnes voraussetzt und in dieser Form wesentlicher Bestandteil sowohl der evangelischen als auch der katholischen Lehre ist?

Vgl. Luthers Schmalkaldische Artikel: »Hier ist der erste und Hauptartikel: Daß Jesus Christus, unser Gott und Herr, sei ›um unserer Sünde willen gestorben und um unserer Gerechtigkeit willen auferstanden‹, Röm. 4, und er allein ›das Lamm Gottes ist, das der Welt Sünde trägt‹, Joh. 1, und ›Gott unser aller Sünde auf ihn gelegt hat‹, Jes. 53, ferner: ›Sie sind alle zumal Sünder und werden ohne Verdienst gerecht aus seiner Gnade durch die Erlösung Jesu Christi in seinem Blut‹ etc., Röm. 3 ...«[160]

Katechismus der katholischen Kirche, § 615: »... Durch seinen Gehorsam bis zum Tod wurde Jesus zum leidenden Gottesknecht, der stellvertretend ›sein Leben als *Sühnopfer* hingab‹, ›die Sünden von vielen trug‹ und so ›die vielen gerecht macht‹, indem er ›ihre Schuld auf sich lädt‹ (Jes 53,10-12). Jesus hat unsere Sünden wiedergutgemacht und Gott dem Vater für sie Genugtuung geleistet.«[161]

Vgl. auch die erste Frage und Antwort im Heidelberger Katechismus: »Was ist dein einziger Trost im Leben und im Sterben? – Daß ich mit Leib und Seel, beide im Leben und im Sterben ..., nicht mein ..., sondern meines getreuen Heilands Jesu Christi eigen bin ..., der mit seinem teuren Blut ... für alle meine Sünden vollkömmlich bezahlet ... und mich aus aller Gewalt des Teufels erlöset hat ...«[162]

Dies sind doch Aussagen, deren Inhalt für Menschen des 20. Jahrhunderts ein für allemal verloren ist. Denn Jesus wollte gar nicht für die Sünden der Welt sterben. Die Aussagen über die sühnewirkende Kraft seines Todes sind Deutungen der Gemeinde und wurden Jesus erst nachträglich in den Mund gelegt. Wer also im Streit um die Rechtfertigungslehre um jeden Preis am lutherischen *sola gratia* meint festhalten zu müssen, sollte sich erst einmal dessen bewußt werden, daß all das, was zumindest für Paulus und Luther die Rede vom rechtfertigenden Handeln Gottes in Christus erst möglich machte, nämlich Sühnetod und Auferstehung Jesu, durch die historische Kritik nachhaltig erschüttert worden ist und heute nicht mehr plausibel vertreten werden kann.[163]

Schon Hermann Samuel Reimarus (s. oben S. 60) hat – in Anlehnung an ältere Vorbilder – die Widersprüchlichkeit der Rechtfertigungslehre aufgedeckt und darüber gespottet, daß die in ihr vorausgesetzte »Heils-Ordnung ... Personen und Handlungen durch eine gegenseitige Zurechnung, auf kaufmännische Art (vertauscht)«[164]. Seine Ausführungen sind so erfrischend, daß hier wenigstens ein kleiner Ausschnitt daraus zitiert werden soll:

»Ich setze, Titius wäre mir eine große Summe schuldig: ich hätte Macht dieselbe durch gerichtliche Zwangs-Mittel bis auf den letzten Heller einzutreiben. Aber da ist nichts; das jammert mich; ich schlage ihm einen Bürgen vor, der für ihn völlig bezahlen kann und will. Aber der Bürge bin ich selbst, unter einem andern Namen, des Caji, dem ich das Geld aus meinem Vermögen zustelle, daß er mir die Summe zahlt. Dann schreibe ich dem Titio die Schuld, als durch Cajum bezahlt, ab. Sagt mir: kann dies eine wahre Bezahlung heissen, oder ist es nur ein Blendwerk, und in der That was anders als eine freywillige Schenkung der Schuld? Recht eben so ist die Genugthuung, die sich Gott durch seinen Sohn, d.i. durch sich selbst geben soll, beschaffen: sie ist eitel, überflüssig, unnütz, unnöthig; er kann uns nur gerade zu die Schuld aus Gnaden erlassen, wie er doch in der That thut und thun kann. Sonst entstehen vielfältige Wiedersprüche daraus. Denn wenn Jesus der Sohn Gottes, und dem Wesen nach eins mit dem Vater, und selbst Gott ist: so wird er nach diesem Sinnbilde zugleich der Schuldherr und auch der Schuldner; der Beleydigte und auch der Beleydiger, der Genugthuende und auch der dem Genugthuung geschieht.«[165]

Reimarus fährt fort:

»So fallen auch, durch dergleichen Vertauschung der Personen und ihrer Handlungen, alle moralischen Ideen über den Haufen. Tugend und Laster, Gerechtigkeit und Ungerechtigkeit, Frömmigkeit und Gottlosigkeit, Schuld und Unschuld, Strafe und Belohnung, sind den eintzelen Personen schlechterdings eigen in deren Seele die Vollkommenheit oder Unvollkommenheit wohnet, und denen die Handlungen, als Urhebern, imputiret werden müssen. Das ist keine Waare, die unter zwo Personen vertauscht und umgesetzt ... werden kann, daß sie auf des anderen Namen, Besitz und Rechnung umgeschrieben werden mögte, daß der Gerechte die Ungerechtigkeit, und der Ungerechte die Gerechtigkeit zum Eigenthum bekäme. Folglich wiederspricht es der göttlichen Wahrheit, Weißheit, Güte, Gerechtigkeit, Heiligkeit und Absicht, daß er jenem Unschuldigen fremde Sünden und Missethaten, als einem Urheber der Thaten, anrechnen oder imputiren, und ihn also statt der Schuldigen strafen sollte. Jener hat die Strafe nicht verdient, und diese werden durch eine Strafe, die sie nicht selbst fühlen, nicht gebessert.«[166]

Soll Reimarus vergeblich gearbeitet haben? Über zweihundert Jahre nach ihm wäre es auch für die dogmatische Theologie an der Zeit, die kritischen Anfragen dieses aufrichtigen Gelehrten endlich zur Kenntnis zu nehmen und ihm zumindest eine ebenso große Bedeutung beizumessen wie dem gegenwärtig überstrapazierten Luther.

Auf dem Umschlag des Göttinger Gutachtens von 1991 steht: »Das Buch ist die ... offizielle Stellungnahme der Göttinger Theologischen Fakultät zu der ... ökumenischen Studie (sc. Lehrverurteilungen – kirchentrennend?[167])«, und dies wird durch den Abdruck des Siegels der Theologischen Fakultät auf dem Umschlag optisch bekräftigt. Doch ist der offizielle Charakter des Gutachtens mehr als fragwürdig:

Erstens ist es peinlich, daß ein Mitglied der Göttinger Fakultät, der damalige Hannoversche Landesbischof Eduard Lohse, seit 1971 Honorarprofessor für Neues Testament an der Theologischen Fakultät in Göttingen, der maßgeblich am Zustandekommen des von der Göttinger Fakultät attakkierten ökumenischen Gemeinschaftswerkes mitgewirkt hat, nun für den uneingeweihten Leser als Mitverfasser des Göttinger Gutachtens erscheint. Die eigentlichen Verfasser des Göttinger Gutachtens hätten dieses eklatante Mißverständnis ausräumen müssen.

Zweitens ist es unerträglich, daß wider die Wahrheit die Einigkeit der aktiven Theologieprofessoren Göttingens im Zusammenhang der Herstellung des Gutachtens suggeriert wird. Denn von Einigkeit kann hier keine Rede sein. Ich habe mich seinerzeit energisch *gegen* dieses Gutachten erklärt, und zwar unter Verweis auf die in ihm fehlende Berücksichtigung der Neuzeit und der in ihr ausgebildeten historisch-kritischen Methode.

Das heißt: Dieses Werk wurde von einer ganz bestimmten Gruppe Göttinger Theologieprofessoren verantwortet, aber durch irreführende Kommentare in Einleitungen und auf Umschlägen als ein von allen Göttinger Fakultätsmitgliedern mitgetragenes Gutachten ausgegeben.

Ein Höhepunkt der Klerikalisierung:
Die Wiedereinführung der Gieselerschen Formel

Die Klerikalisierung ging aber noch weiter. Am 1. November 1995 erneuerte die Fakultät die Gieselersche Formel[168] aus dem Jahre 1848, der zufolge jeder neu berufene Professor und Privatdozent vor Amtsantritt folgendes Gelöbnis ablegen muß: »Ich verpflichte mich, die theologischen Wissenschaften in Übereinstimmung mit den Grundsätzen der evangelisch-lutherischen Kirche[169] aufrichtig, deutlich und gründlich vorzutragen.«

Bei der Einführung als Professor für Neues Testament im Jahre 1983 habe ich keinerlei theologische Eidesformel sprechen müssen. Und bei meiner Habilitation in Göttingen am 11. Juni 1977 stand auf der Urkunde lediglich die an mich gerichtete Erwartung, mein »Bestes zu tun, um als akademischer Lehrer und Forscher der Wissenschaft zu dienen und die akademische Jugend im Geist der Wahrheit zu erziehen«.

Vergleicht man die Gieselersche Formel mit diesem Text, so prallen zwei Welten aufeinander. Die eine ist geprägt durch die Grundsätze der Kirche, die andere durch die Freiheit der Wissenschaft, welche, ausschließlich an der Wahrheitsforschung ausgerichtet, ganz dem Geist der neuzeitlichen Universität entspricht.

Die Georgia Augusta wurde als eine dem Geist der Aufklärung verpflichtete Universität eingerichtet. Angesichts des Abweichens von diesem Geist in der Theologischen Fakultät der Folgezeit sei ein Blick auf die Umstände ihrer Gründung und die Neuerungen des Jahres 1848 geworfen, damit die gegenwärtigen Entwicklungen im Licht der Geschichte betrachtet werden können.

Zur Geschichte der Universität Göttingen und ihrer theologischen Fakultät[170]

Die Anfänge

Die Universität Göttingen (»Georgia Augusta«) wurde im Jahre 1737 von Kurfürst Georg August (1683-1760), der seit 1727 als Georg II. zugleich König von Großbritannien war, gegründet. Sie war eine moderne, dem Geist der Aufklärung verpflichtete Hochschule. Das Universitätsstatut von 1734 bedeutete einen Meilenstein in der Wissenschaftsfreiheit, weil es den Professoren die Freiheit in Forschung, Lehre und Publikation garantierte. Die Professoren wurden lediglich noch auf die Dreiheit der natürlichen Theologie (Gott, Tugend, Unsterblichkeit) verpflichtet, und die Grenzen der Lehrfreiheit bestanden lediglich darin, daß der positive christliche Glaube in Göttingen vom Katheder oder in wissenschaftlichen Werken nicht bekämpft werden sollte.

Teil dieser Modernität war aber auch die Regelung, daß der theologischen Fakultät keinerlei Zensurrecht über die Meinungen in den anderen Fakultäten zukam. Bezüglich der Bekenntnisbindung der Theologieprofessoren galt die Regelung: »Von dem aus der Hl. Schrift, den drei altkirchlichen Symbolen und den lutherischen Bekenntnisschriften (mit Ausnahme der Konkordienformel) rezipierten Fundamentalartikeln soll nicht einen Finger breit abgewichen werden. Also nur die Respektierung der Hauptartikel wird gefordert, die Theologie der lutherischen Bekenntnisschriften wird nicht als Maßstab anerkannt ...«[171] Überdies ist bis 1914 in Göttingen Theologie auch außerhalb der theologischen Fakultät, nämlich in der philosophischen Fakultät, betrieben worden. Die berühmtesten dieser Theologen sind Johann David Michaelis (1717-1791)[172], Johann Gottfried Eichhorn (1752-1827)[173], Paul Anton de Lagarde (1827-1891)[174] und der bereits erwähnte Julius Wellhausen[175], der 1892 de Lagardes Nachfolger in Göttingen wurde.

Das Revolutionsjahr 1848 und die Gieselersche Formel

Im Revolutionsjahr 1848 wurden die in den alten Universitätsstatuten vorhandenen religiösen Bindungen beseitigt, deren Inhalt, wie gerade erwähnt, die Verpflichtung sämtli-

cher Professoren darauf war, »nichts Ungöttliches und Un-
christliches zu lehren«[176]. Mit anderen Worten, auch die
Lehrer der Theologie waren, wenigstens für eine kurze Zeit,
keinen religiösen Grundsätzen mehr verpflichtet.

Daraufhin entwarf der Kirchenhistoriker Johann Karl
Ludwig Gieseler (1792-1854) auf Geheiß des Universitäts-
kurators die bereits oben S. 86 zitierte Eidesformel.[177] Sie
wurde Ende 1848 angenommen.

Es ist bezeichnend, daß in den Diskussionen um die Gieselersche Formel der politische Kontext ihrer Entstehung
selten in den Blick kommt.

Die deutsche Revolution vom März 1848 verlief überwiegend friedlich. »Das März-Erlebnis – so nannte man es
später – sollte niemandem wehe tun. Jubel, Verbrüderung,
Versöhnung mit Fürsten, die ihren Irrtum einsahen, Fahnen,
Fackeln, Triumphpforten – das war die Stimmung.«[178] Das
meiste von dem, was jahrelang verweigert worden war,
wurde nun von den Landesfürsten plötzlich bewilligt, insbesondere die Presse- und Versammlungsfreiheit. In den
Hauptstädten Deutschlands von München über Berlin bis
Hannover herrschten idyllische, fast demokratische Ver-
hältnisse. Nun machte man sich in der Nationalversammlung der Frankfurter Paulskirche an das Werk der Reichs-
gründung, und bereits Anfang Juli 1848 wurden die Grundrechte des Deutschen Volkes, die der Verfassung vorange-
stellt werden sollten, erarbeitet – darunter das der Freiheit
der Wissenschaft und Lehre[179]. Am 21. Dezember 1848
wurden sie von der Nationalversammlung beschlossen und
am 27. Dezember 1848 durch Erzherzog Johann als Gesetz
verkündet.[180]

Die Grundrechte waren für ein Zeitalter, in dem sich der Durchbruch vom autoritären zum liberal-demokratischen Staat vollziehen sollte, eine Forderung ersten Ranges. Aber der revolutionäre Stoß ging ins Leere, weil die alten Mächte ihm auswichen und die Versöhnung nur vortäuschten. Ein Jahr später war alles wieder zu Ende.

Auf diesem Hintergrund erweist sich die Einführung der Gieselerschen Formel als ein antidemokratischer und zugleich ein antiwissenschaftlicher Akt, der die Theologie in Göttingen noch 150 Jahre an das Bekenntnis der Kirche fesseln sollte.

Die Geschichte der Göttinger theologischen Fakultät und die Gegenwart

Eine persönliche Zwischenbilanz

Der Überblick über die Geschichte der theologischen Fakultät Göttingens zeigt, daß die Wiedereinführung der Gieselerschen Formel im Jahre 1995 durchaus Wurzeln in der Gründung der Georgia Augusta und ihrer theologischen Fakultät sowie der nachfolgenden politischen Geschichte hat. Doch was einmal in der Vergangenheit geschah, muß nicht 250 oder 150 Jahre danach noch notwendig sein. Die Wiedereinführung der Gieselerschen Formel war von vornherein antiquiert, und zwar a) aus politischen und b) aus wissenschaftlichen Gründen:

a) Wenn der antidemokratische politische Kontext berücksichtigt wird, in dem die Einführung der Gieselerschen Formel im Jahre 1848 wurzelt, befremdet ihre Bekräftigung anderthalb Jahrhunderte später um so mehr. Man kann nicht guten Gewissens das erste deutsche Parlament in der Frankfurter Paulskirche als Vorläufer der deutschen Demokratie preisen und gleichzeitig die Gieselersche Formel verteidigen.

b) Es sei hier schlicht noch einmal (vgl. bereits oben S. 53f) an den allgemein geltenden Grundsatz erinnert, der wohl von den meisten in der Wissenschaft Tätigen geteilt wird: Wissenschaft duldet keine Erkenntnisprivilegien und stellt die eigenen Voraussetzungen immer wieder in Frage. Sie sucht, ohne im voraus um ihre Ergebnisse zu wissen, und setzt nur das voraus, was rational für andere Mitforscher nachvollziehbar ist. Folgt man demgegenüber der in der theologischen Fakultät Göttingens wieder geltenden Formel, so ist das Bekenntnis der christlichen Kirche für die hier Arbeitenden die entscheidende Voraussetzung, also das Bekenntnis zu Gott dem Schöpfer, das Bekenntnis zu Jesus Christus, der für die Sünden der Welt starb, am dritten Tage auferstand und am Ende der Zeit zum Gericht wiederkommen wird, sowie das Bekenntnis zum Heiligen Geist. All diese Aussagen basieren auf dem Glauben, daß Gott sich in Jesus Christus geoffenbart hat. Aber eine solche Voraussetzung hat in einer wissenschaftlichen Disziplin nichts zu suchen, denn »Offenbarung« ist überhaupt kein wissenschaftlicher Begriff. Der wissenschaftliche Theologe kann immer nur Offenbarungsansprüche registrieren und miteinander vergleichen.

An dieser Stelle sei das Votum eines Göttinger Theologen zitiert, der außerhalb der theologischen Fakultät wirkte, aber mit seinen philologischen Arbeiten Weltruhm erlangt hat. Es handelt sich um den bereits oben genannten Paul de Lagarde. Er schreibt:

»Jeder, der die Wissenschaft kennt, weiß, daß sie ihren Zweck lediglich in sich hat, darum ihre Methode sich selbst sucht, und von keiner Macht im Himmel und auf Erden Vorschriften, Gesetze, Zielpunkte annimmt. Sie will wissen, nichts als wissen, und zwar nur um zu wissen. Sie weiß, daß sie nichts weiß, wo sie nicht bewiesen hat. Es ist jedem Manne in der Wissenschaft vollständig gleichgültig, was bei seinen Untersuchungen herauskommt, das heißt, wenn nur neue Wahrheiten entdeckt werden. Die Wissenschaft gestattet Jedem, die von ihr gefundenen Ergebnisse aufs neue zu prüfen, und wirft rückhaltlos fort, was eine solche Prüfung nicht besteht. Sie fordert von Jedem, der die zum Urtheilen nöthigen Vorkenntnisse hat, daß er das ihm bewiesene annehme und anerkenne, oder auf den Namen eines ehrlichen Mannes verzichte.«[181]

Ich möchte aber auch den sich daran anschließenden Satz Lagardes nicht verschweigen und ihn nach über 100 Jahren direkt auf die Lage der gegenwärtigen Göttinger Theologie sowie der Theologie in Deutschland überhaupt anwenden. Er lautet: »Man kann sich leicht überzeugen, daß diese Beschreibung der Wissenschaft auf die Disciplin, welche wir in Deutschland Theologie nennen, unanwendbar, daß mithin die thatsächlich vorhandene Theologie eine Wissenschaft nicht ist.«

Wir halten fest: Wissenschaft, die diesen Namen verdient, lebt aus einer Haltung des nie aufhörenden Fragens heraus. Auf die Theologie bezogen, muß ihr daher auch erlaubt sein, den ihr in den Texten begegnenden Anspruch, in Jesus Christus habe sich Gott offenbart, abzulehnen. Dies habe ich nach zwanzigjähriger Tätigkeit in Forschung und Lehre aus Gewissensgründen tun müssen, und zwar vor allem als Folge meiner eigenen Beschäftigung mit der Auferstehung Jesu[182], die ich nur mühsam als bloßen Wunsch der ersten Jünger zu verstehen lernte. Aber eine Projektion kann unter keinen Umständen eine Offenbarung sein – auch dann nicht, wenn sie durch die ganze Kirchengeschichte hindurch bis heute für eine solche gehalten wird.

Weiteres Nachdenken hat mich davon überzeugt, daß es unerlaubt ist, die Auferstehung Jesu kurzerhand zu modernisieren und, um mit Hans von Campenhausen zu sprechen, mit den frühen Christen zu glauben, Jesus sei auferweckt worden, aber mit den damaligen Juden zu erkennen, daß sein Leichnam gar nicht auferstanden, sondern verwest sei.[183]

Aber bleibt dann nicht wenigstens die Rückbesinnung auf den historischen Jesus als Möglichkeit, weiter Christ zu sein? Das dachte und hoffte ich eine Zeitlang, mußte dann aber erkennen, daß damit Jesus gegen seine eigene Intention verstanden würde. Denn er hat das Reich Gottes erwartet, gekommen aber ist die Kirche. Und ihre Mitglieder haben Jesus unsäglich viel in den Mund gelegt, echte Worte Jesu pervertiert und schließlich sogar – subjektiv ehrlich, aber objektiv wahnhaft – Jesu Auferstehung behauptet. Die Juden, die nicht Christen wurden, nannten das bereits im 1. Jahrhundert Betrug (vgl. Mt 27,64: »... damit nicht der letzte Betrug ärger wird als der erste«). Sachlich ist der jüdische Vorwurf näher an der Wahrheit als der christliche Humbug der leiblichen Auferweckung Jesu aus dem Grabe, und ich sehe nicht, wie diesem Vorwurf ausgewichen werden kann.[184]

Angesichts der unheilvollen Geschichte des Antijudaimus und seines Vorkommens schon im Neuen Testament[185] wurde mir immer stärker bewußt, daß der Triumph der Kirche die Tragödie Israels war und ist, und mir zerrann über die Jahre hinweg die Autorität der Bibel als Wort Gottes unter den Händen; ein persönliches Christentum war für mich nicht mehr möglich.

Ich habe über diese Dinge in wissenschaftlich-historischer Weise Arbeiten vorgelegt und begründet, warum es sich so und nicht anders verhält. Die von mir gezogene Konsequenz, mich deswegen vom Christentum zu verabschieden, haben meine Kollegen zum Anlaß genommen, mich zum Verlassen der Fakultät aufzufordern.

Klerikalisierung und kein Ende:
Die Aufforderung an mich, die Fakultät freiwillig zu verlassen

Die betreffende Pressemitteilung des Professorenkollegiums der Fakultät, die mir freundlicherweise einen Tag vor ihrer Veröffentlichung zugestellt wurde, lautete wie folgt:

»Auf Einladung des Dekans fand am 22.4.1998 eine außerordentliche Sitzung des Collegiums der Professorin und der Professoren der Theologischen Fakultät Göttingen statt, auf der Prof. Lüdemann seine öffentlichen Äußerungen zu seiner ›Lossagung‹ vom Christentum erläutert hat.

Anschließend gaben die anwesenden Mitglieder des Collegiums *mehrheitlich* folgende Stellungnahme ab:

Wir respektieren die persönlichen Entscheidungen, die hinter den Äußerungen von Prof. Lüdemann stehen.

Dagegen bestreiten wir, daß diese Äußerungen notwendige Konsequenzen aus wissenschaftlichen Einsichten darstellen. So unterschiedlich wir als Professorin und Professoren der Theologischen Fakultät forschen und lehren, halten wir christlichen Glauben und Wissenschaft ihrem Wesen nach für vereinbar. Es gehört *auch* zu den Aufgaben der Theologischen Fakultät, zukünftige Pfarrer und Pfarrerinnen, Religionslehrer und Religionslehrerinnen nach den Grundsätzen der evangelischen Kirchen in wissenschaftlicher Verantwortung auszubilden. Deswegen fordern wir Prof. Lüdemann auf, seine Zugehörigkeit zur Theologischen Fakultät über taktische Erwägungen hinaus im Sinne der von ihm immer geforderten Wahrhaftigkeit zu bedenken. Aus unserer Sicht hat sich Prof. Lüdemann mit seinen derzeitigen Äußerungen in einen eklatanten Widerspruch zu Charakter und Aufgaben einer Theologischen Fakultät begeben.«

Diese vom Dekan sowie vom Vorsitzenden des Collegiums unterzeichnete Erklärung wurde am 27. April 1998 von der Pressestelle der Universität veröffentlicht. Allerdings war zuvor das oben kursiv gesetzte Wort »mehrheitlich« durch »einmütig« ersetzt und das oben ebenfalls kursiv gesetzte Wort »auch« gestrichen worden.

Sowohl die Vereinigte Evangelisch-Lutherische Kirche Deutschlands (VELKD)[186] als auch die Konföderation evangelischer Kirchen in Niedersachsen[187] haben sich daraufhin ausdrücklich hinter die veröffentlichte Erklärung gestellt. Die Mitteilung unterschlägt, daß einer der Kollegen mir vor dem Kollegium in einem längeren mündlich vorgetragenen Votum ausdrücklich zugestimmt hat, aber an der anschließenden Besprechung, in deren Rahmen die oben abgedruckte Stellungnahme erarbeitet wurde, nicht mehr teilnehmen konnte.

Sodann erheben sich folgende schwerwiegende Fragen gegenüber der Erklärung:

Erstens müßten doch die wissenschaftlichen Einsichten, die mich zur Lossagung vom Christentum veranlaßt haben, in ihrem Inhalt diskutiert werden.

Wenn *zweitens* gesagt wird, Glaube und Wissenschaft seien ihrem Wesen nach vereinbar, so wäre doch zusätzlich einmal das Ergebnis meiner wissenschaftlichen Betrachtung des Christentums, um das es hier geht, zu nennen. Statt dessen behaupten die Kollegen vorweg, was zu erweisen wäre.

Es geht also zunächst gar nicht allgemein darum, ob christlicher Glaube und Wissenschaft ihrem Wesen nach vereinbar sind, sondern konkret darum, ob der heutige Glaube an die Auferstehung Jesu sich mit der Tatsache vereinbaren läßt, daß Jesus verwest ist und nicht auferweckt wurde.

Weiterhin sei in diesem Zusammenhang an Max Webers klassische Abhandlung »Vom inneren Beruf zur Wissenschaft«[188] erinnert. Mit Recht heißt es hier: »(J)ede Theologie fügt für ihre Arbeit und damit für die Rechtfertigung ihrer eigenen Existenz einige spezifische Voraussetzungen hinzu« (S. 336). Wenig später stellt Weber zutreffend fest, daß jede Theologie, will sie sich selbst treu bleiben, das Opfer des Intellekts fordert (S. 338f), dies schon deswegen, weil sie »Offenbarung« voraussetzen muß. Mit dem großen Soziologen ist »ein solches Opfer des Intellekts zugunsten einer bedingungslosen religiösen Hingabe ... sittlich immerhin doch etwas anderes als jene Umgehung der schlichten intellektuellen Rechtschaffenheitspflicht, die eintritt, wenn man sich selbst nicht klar zu werden den Mut hat über die eigene letzte Stellungnahme, sondern diese Pflicht durch schwächliche Relativierung sich erleichtert« (S. 338f).

Täuscht der Eindruck nicht, so hat sich die Göttinger Stellungnahme des letzten Vorwurfs schuldig gemacht oder ist bedenklich in seine Nähe gekommen. Denn was ist das schwächliche Bekenntnis, christlicher Glaube und Wissenschaft seien ihrem Wesen nach vereinbar, anderes als Umgehung der Rechtschaffenheitspflicht? Die meisten Wissenschaftler in den anderen Disziplinen, wie auch das Beipiel

Max Weber zeigt, halten christlichen Glauben und Wissenschaft ohne ein Opfer des Intellekts gerade nicht für möglich.

Nun haben mir die Kollegen den Respekt für meine Entscheidungen bezeugt, mich aber gleichzeitig aufgefordert, über taktische Erwägungen hinaus im Sinne der von mir geforderten Wahrhaftigkeit meine eigene Zugehörigkeit zur theologischen Fakultät zu bedenken, d.h. konkret: die Fakultät freiwillig zu verlassen.

Der Vorwurf der Taktik bezieht sich auf meine Erklärung, deswegen in der Kirche zu bleiben, um nicht per juristischen Akt aus der Fakultät entfernt zu werden (vgl. oben S. 11). Dieser Entscheidung liegt also die feste Absicht zugrunde, den besten Traditionen freier protestantischer Theologie zum Zuge zu verhelfen und innerhalb der marode gewordenen konfessionellen theologischen Fakultät das kritische Prinzip neu zur Geltung zu bringen. Meine Kollegen kennen offenbar nicht die mögliche Spannung – um nicht zu sagen: den möglichen Widerspruch – zwischen wissenschaftlichen Urteilen und Glaubensurteilen. Denn ihnen zufolge darf nur jemand der theologischen Fakultät angehören, der sich der Grundaussage des christlichen Glaubens bzw. der Kirche anzuschließen vermag. Ich halte das für eine wissenschaftlich unhaltbare Vorentscheidung.

Gleichzeitig sei angemerkt, daß die meisten Kollegen in ihrer Forschung und Lehre längst die Grundsätze der Kirche hinter sich gelassen haben, sich aber durch symbolische und andere Interpretationskünste an diese Tradition anschließen (wollen). Kaum einer von ihnen teilt die endzeitlichen Voraussetzungen der kirchlichen Tradition, und nur wenige erwarten beispielsweise die Wiederkunft Jesu zum Gericht.

Das zu verschweigen, könnte man ebenfalls als Taktik bezeichnen. Der Unterschied zwischen meinen Kollegen und mir besteht darin, daß sie einen eventuellen taktischen Charakter ihrer Argumente nicht ins Auge fassen, während ich offen sage, warum ich in der verfaßten Kirche bleibe, obwohl ich ihre Grundsätze ablehne – nämlich um längst überfällige Reformen in der Theologie als Wissenschaft einzuleiten.

Es wäre daher an der Zeit, über Theologie und ihren Inhalt zu sprechen, und das kann nur in Form eines Diskurses über die historischen Grundlagen des christlichen Glaubens geschehen und ohne jede Taktik, d.h. ohne Rücksichtnahme auf juristische Formeln, selbst auf die Gefahr hin, offen die Grundsätze der evangelischen Kirche, d.h. die Bekenntnisschriften, in allen Einzelheiten ablehnen zu müssen.

»Der Mensch beugt sich vor Autoritäten und Mächten, aber nicht vor Beweisen.« – ein echtes Theolo-
genwort.

Franz Overbeck[189]

Es ist möglich, daß sich die Menschheit an der
Schwelle eines goldenen Zeitalters befindet, wenn
dies jedoch der Fall ist, muß zuerst der Drache getö-
tet werden, der den Eingang bewacht, und dieser
Drache ist die Religion.

Bertrand Russell[190]

Wer seiner Zeit etwas leisten soll, in dem muß etwas
von der Zukunft leben.

Richard Rothe[191]

Nachwort

Ich habe die in diesem Buch geäußerten Gedanken mit einem hochgeschätzten älteren Kollegen eingehend erörtert.
Er gab mir in den allermeisten historischen und juristischen
Einzelheiten Recht und meinte, der Kirchenkampf habe sehr
zur Verhärtung der von mir in Frage gestellten dogmatischen Formeln beigetragen. Bedauerlicherweise sei durch
meine Arbeiten das leere Grab sehr in den Vordergrund der
Diskussion getreten, nicht aber die Aussage, daß Jesus lebe,
und darauf komme es an. Über das leere Grab sei überhaupt
keine Debatte nötig, denn es handele sich hier um eine se-
kundäre literarische Bildung. Das Schlagwort vom vollen
Grab lehnte er aber aus ästhetischen Gründen ab und schlug
zugleich vor, die Publikation der in diesem Buch entwickel-
ten Thesen noch einmal zu überdenken; sie sei nicht zu
verantworten, weil damit weiter zum Erosionsprozeß der

christlichen Kirchen beigetragen und den Kirchenkritikern zugearbeitet werde. Auf die historischen Fragen zurücklenkend, drückte er seine Erleichterung darüber aus, daß wir nie wissen würden, was damals zwischen Karfreitag und Ostern wirklich geschehen sei, und das sei gut so.

Ich habe diesen auf Erfahrung gegründeten Rat beherzigt und daraufhin diese kleine Schrift reiflich überdacht. Sie ist mir jetzt aber noch wichtiger geworden: In *persönlicher* Hinsicht kann ich mich von einem Christentum nur abwenden, das sich in weiten Teilen im Gegensatz zum historischen Wissen befindet. Ich verstehe zunehmend überhaupt keinen Spaß mehr, wenn der so verstandene christliche Glaube ernsthaft weiterhin vertreten wird, obwohl von ihm nur noch Trümmer vorhanden sind, hinter denen sich seine letzten Verteidiger verschanzen. Man gewinnt den Eindruck: Heutzutage ist der christliche Glaube vieler Theologen ebenso wie der der Kinder nur noch eine Angelegenheit der Geographie. Aber dann wollen wir lieber die Finger davon lassen, da es noch ein an historischen Erkenntnissen orientiertes Gewissen gibt.

Würde man den mir gegebenen Rat ferner auf der *gesellschaftlichen* Ebene zu Ende denken, hätte das folgende Konsequenz: Wissen ist von der Öffentlichkeit fernzuhalten und, wenn überhaupt, nur selektiv weiterzugeben. Aber Fortschritt läßt sich auf keinem Gebiet menschlicher Tätigkeit aufhalten. Ferner beruht der mir erteilte Rat auf einem Mißtrauen gegenüber der Gesamtgesellschaft und setzt, vom Spektrum der Sekten über die großen Kirchen bis hin zu den Gewerkschaften und den politischen Parteien, ausschließlich Interessenverbände voraus, die Werbung betreiben, ohne an der Wahrheit interessiert zu sein oder an einem offenen Diskurs, der Argumente entfaltet.

Nun bin ich der festen Überzeugung, daß die Autonomie des Menschen nicht rückgängig zu machen ist und daß wir gerade heute in allen Bereichen nur durch ein unbeirrbares Denken weiterkommen. Es gibt so etwas wie eine Erziehung zur Mündigkeit, eine Sittlichkeit des Denkens und ein Gewissen in historischen Dingen, das auf Kenntnissen beruht. Die Erfahrungen der Geschichte zeigen: Wissenschaftler haben viel zu wenig über die Bereiche, in denen sie sich auskannten, gesprochen und ihre öffentliche Verantwortung zu selten wahrgenommen. Sie verzichteten damit gleichzeitig auf Bildungsarbeit, die auf die Lösung der Probleme der Gegenwart zielt, oder sind wie viele Theologen einfach in die Geschichte geflohen, um den Herausforderungen der Zukunft zu entgehen. Aber wozu sonst sind Universitäten heute überhaupt noch da, wenn sie nicht Raum der Wahrheitsforschung, Orte der Freiheit und Institutionen des Fortschritts sind? Solange Theologie an der Universität bleibt, hat sie gefälligst zu forschen und zu informieren, nicht zu offenbaren und zu predigen, zur Mündigkeit in Sachen Religion zu erziehen und nicht zur Hörigkeit gegenüber einem alten Aberglauben zu verleiten, so modern der sich auch geben mag. Theologie muß, frei nach Theodor Mommsen, rücksichtslos ehrliche, keinem Zweifel ausbiegende, keine Lücke der Überlieferung oder des eigenen Wissens übertünchende Wahrheitsforschung bleiben. Für ihre Reifung und Fortentwicklung gilt uneingeschränkt das Wort von Bertrand Russell:

»Selbst wenn uns die offenen Fenster der Wissenschaft nach der gemütlichen Wärme der traditionellen, vermenschlichenden Mythen zunächst vor Kälte erschauern lassen, so macht uns die frische Luft am Ende stark, und die unermeßlichen Weiten besitzen eine eigene Großartigkeit.«[192]

... keine Tatsache kann je einen Glauben widerlegen.

Oswald Spengler[193]

Die theologischen Denker pflegen auf die Subjektivität aller Erkenntnis hinzuweisen und die theologische Subjektivität als gleichartig und gleichberechtigt neben die »wissenschaftliche« Subjektivität zu stellen ... Um die Bezeichnung »Wissenschaft« oder »Nicht-Wissenschaft« braucht man sich nicht zu zanken, es kommt auf die Art der Voraussetzung an. Die ist beide Male sehr verschieden.

Walther Köhler[194]

Anhang I

Der Althistoriker Theodor Mommsen (1817-1903) über Universitätsunterricht und Konfession[195]

Der 26jährige katholische Historiker Martin Spahn wurde im Jahre 1901 zum ordentlichen Professor der Neueren Geschichte an der Universität Straßburg ernannt. Diese Ernennung erfolgte gegen das ausdrückliche Votum der Straßburger philosophischen Fakultät und war rechtlich begründet in einer konfessionsgebundenen Aufteilung des Lehrstuhles für Mittlere und Neuere Geschichte in ein katholisches und ein protestantisches Ordinariat. Als Protest gegen diese Berufung veröffentlichte der renommierte Althistoriker Theodor Mommsen am 15. November 1901 in den »Münchner Neueste(n) Nachrichten« eine Erklärung über »Universitätsunterricht und Konfession«, die er vorher mit zahlreichen Kollegen abgestimmt hatte. Dieser Aufsatz erreichte eine enorme Publizität und hatte eine große Breitenwirkung. Mommsen hielt die Einführung des Konfessionalismus in die Universität für einen Todfeind der Wissenschaft, nahm aber in schreiender Inkonsequenz die theologischen Fakultäten ausdrücklich von seinen kritischen Darlegungen aus. Falls Mommsens Aufgabenbestimmung der Wissenschaft zu Recht besteht, muß aber sein Ansatz auch auf die wissenschaftliche Theologie Anwendung finden. Ich drucke daher Mommsens vielbeachteten Aufsatz zusammen mit einem Nachtrag, der durch Reaktionen auf seine Erklärung ausgelöst wurde, hier ab, weil er, wie kaum ein anderer, durchschlagende Argumente für die Aufhebung der konfessionell organisierten theologischen Fakultäten enthält.

Theodor Mommsen:
Universitätsunterricht und Konfession[196]

Es geht durch die deutschen Universitätskreise das Gefühl der Degradierung. Unser Lebensnerv ist die voraussetzungslose Forschung, diejenige Forschung, die nicht das findet, was sie nach Zweckerwägungen und Rücksichtnahmen finden soll und finden möchte, was anderen außerhalb der Wissenschaft liegenden praktischen Zielen dient, sondern was logisch und historisch dem gewissenhaften Forscher als das Richtige erscheint, in ein Wort zusammengefaßt: die Wahrhaftigkeit. – Auf der Wahrhaftigkeit beruht unsere Selbstachtung, unsere Standesehre, unser Einfluß auf die Jugend. Auf ihr ruht die deutsche Wissenschaft, die das Ihrige beigetragen hat zu der Größe und der Macht des deutschen Volkes. Wer daran rührt, der führt die Axt gegen den mächtigen Baum, in dessen Schatten und Schutz wir leben, dessen Früchte die Welt erfreuen.

Ein solcher Axtschlag ist jede Anstellung eines Universitätslehrers, dessen Forschungsfreiheit Schranken gezogen werden. Abgesehen von den theologischen Fakultäten ist der Konfessionalismus der Todfeind des Universitätswesens. Die Berufung eines Historikers oder eines Philosophen, welcher katholisch sein muß, oder protestantisch sein muß, und welcher dieser seiner Konfession dienstbar sein soll, heißt doch nichts anderes, als den also Berufenen verpflichten, seiner Arbeit da Grenzen zu setzen, wo die Ergebnisse einem konfessionellen Dogma unbequem werden könnten, dem protestantischen Historiker verbieten, das gewaltige Geisteswerk des Papsttums in volles Licht zu setzen, dem katholischen, die tiefen Gedanken und ungeheuere Bedeutung des Ketzertums und des Protestantismus zu würdigen. In dem kläglichen Armutszeugnis, das die Konfessionen damit sich selbst ausstellen, wenn sie ihren Anhängern verbieten, Geschichte oder Philosophie bei einem Lehrer anderer Konfession zu hören, und gegen etwaige Irrlehren das Mittel der Ohrenverstopfung verordnen, liegt sogleich eine der Allgemeinheit drohende Gefahr. In seinen Anfängen ist der Krebsschaden heilbar; späterhin ist er es nicht mehr.

Möchte jeder junge Mann, den der Universitätsberuf auf diese schwierigen Gebiete lockt, immer und vor allem dessen eingedenk bleiben, daß für den echten Erfolg die erste Bedingung der Mut der Wahrhaftigkeit ist, daß der Fanatiker, der die Wahrheit nicht zu begreifen vermag, nicht an die Universität gehört, noch weniger aber derjenige, der insoweit konfessionell ist, als er dabei zugleich ministeriell bleibt. Gewiß kann auch er als Gelehrter tüchtige Arbeit leisten; aber auf die Selbstachtung und auf die Achtung seiner Standesgenossen und der für den Seelenadel feinfühligen Jugend muß er verzichten.

Möglichem Mißverständnis zu begegnen, mag noch hinzugefügt werden, daß hier die Rede ist lediglich von den prinzipiellen Fragen, ob es gerechtfertigt ist, Universitätsprofessuren, außerhalb der theologischen Fakultäten, nach konfessionellen Rücksichten und mit konfessionellem Rechtszwang zu vergeben. Wie in dem einzelnen Fall der Ernannte sich persönlich zu seiner Konfession stellt, was er als Protestant oder als Katholik sein will oder sein soll oder sein kann, kommt dabei in keiner Weise in Betracht. Der Schlag gegen die Universitätsfreiheit bleibt der gleiche, mag er in der besonderen Anwendung die eine oder die andere Konfession, diese oder jene Richtung treffen.

Möchte somit ein jeder, der bei der Anstellung von Universitätslehrern mitzuwirken berufen ist, dessen eingedenk bleiben, daß die voraussetzungslose Forschung, das heißt die Ehrlichkeit und Wahrhaftigkeit des Forschers das Palladium des Universitätsunterrichts ist, und sich hüten vor dem, was nicht verziehen wird, vor der Verleitung zu der Sünde wider den Heiligen Geist. Die Hoffnung wird vielleicht nicht täuschen, daß damit die Gesinnung unserer Kollegen zum Ausdruck gebracht wird.

**

Nachdem die geehrte Redaktion sowohl meiner durch die jüngsten Universitätsvorgänge hervorgerufenen Erklärung, sowie auch der Einwendung des Herrn Prof. v. Hertling[197] Aufnahme gewährt hat, wird sie auch mir wohl noch in dieser wichtigen Sache ein zweites Wort verstatten. Wer Mißverständnisse aufzuklären versucht, pflegt neue zu schaffen; darum muß es dennoch versucht werden, nicht um zur Verständigung zu gelangen, welche bei derartigen Differenzen ausgeschlossen ist, aber wenigstens um vollständig verstanden zu werden.

Die Voraussetzungslosigkeit aller wissenschaftlichen Forschung ist das ideale Ziel, dem jeder gewissenhafte Mann zustrebt, das aber keiner erreicht noch erreichen kann. Religiöse, politische, sociale Überzeugungen bringt ein jeder von Haus aus mit und gestaltet sie aus nach dem Maß seiner Arbeits- und Lebenserfahrungen; und wenn es auch unsere heilige Pflicht ist, nach dem Verständnis auch der uns entgegenstehenden Anschauungen zu suchen und ihnen nach Möglichkeit gerecht zu werden, »alles zu verstehen und alles zu verzeihen« ist eine Gottähnlichkeit, deren kein Sterblicher sich vermessen wird.

Es kann darum auch dem wahrhaften Katholiken daraus kein Vorwurf gemacht werden, daß seine Weltanschauung und also auch Forschung und Lehre ihm durch seinen Glauben beeinflußt wird, vorausgesetzt immer, daß er sich selber gegenüber wahrhaftig bleibt und nicht aussagt, was sein Verstand als falsch erkennt. Inwieweit er durch das Verhältnis zu seiner Kirche gezwungen werden kann, seinen Verstand gefangen zu nehmen, mag hier unerörtert bleiben; es gibt weite wissenschaftliche Gebiete, welche durch dieses Dilemma nicht berührt werden.

Wogegen wir uns wenden, ist keineswegs die Vertretung der katholischen Weltanschauung an den deutschen Universitäten und die paritätische Berücksichtigung auch der katholisch gesinnten Gelehrten, wir wenden uns lediglich gegen die rohe Verkörperung der wissenschaftlichen Parität dadurch, daß man einen Professor anstellt für protestantische und einen anderen für katholische Geschichte oder Philosophie oder Socialwissenschaft.

Die Stellung der Konfessionen ist in dieser Beziehung wesentlich dieselbe wie die der philosophischen, der politischen, der socialen Parteien. Man fordert auf diesem Gebiet von den Universitätsverwaltungen eine gewisse Unparteilichkeit; es ist vor Zeiten der preußischen verdacht worden, daß sie nur Hegelinge zum philosophischen Katheder zuließ, und man verübelt es ihr heute vielfach, daß sie den Kathedersocialismus großgezogen hat, weiter daß sie die agrarischen Sociologen nicht ausreichend berücksichtigt. Wie man über eine solche mindestens recht schwierig zu effektuierende Unparteilichkeit immer denken mag, es liegt diesen Anforderungen das richtige Gefühl zu Grunde, daß die Universitäten, ihrem Namen entsprechend, den ungleichen Weltanschauungen die Tore offen halten sollen. Wir denken sehr verschieden; aber noch ist kein *Akademiker* darauf verfallen, auf diesen Gebieten die Zaunordnung einzuführen und für die entgegengesetzten Auffassungen besondere Kämmerchen einzurichten. Die Universität ist der große Fechtboden des deutschen Geistes; wir bekämpfen unsere Gegner außerhalb und innerhalb derselben, indes auf demselben Waffenplatz und mit gleichen Waffen. Aber ihren Waffenplatz für sich und ihr ungestörtes Eckchen begehren diejenigen Katholiken, welche derartige katholische Professuren fordern. Würden ihre Interessen mit etwas mehr Geschick und Geist geführt, so würden sie die ersten sein, sich derartige Einrichtungen zu verbitten, nicht bloß weil sie damit den Katholiken zumuten, ohne Prüfung zu glauben, sondern auch weil sie ihre Inferiorität auf all diesen Gebieten damit förmlich und offiziell konstatieren. Daß ein tüchtiger Gelehrter darum zu keiner Anstellung gelangen kann, weil er Katholik ist, wird heutzutage schwerlich behauptet werden. Bei denjenigen Professuren aber, für die die erste Bedingung der Katholizismus und die zweite die Tüchtigkeit ist, liegt die Gefahr nahe, daß der Mangel an geeigneten Männern zu Mediokritätskreationen führt. Dies *testimonium paupertatis* [= Armutszeugnis; G.L.], das aus einer derartigen Institution nicht notwendig, aber leicht sich entwickeln kann, ist im allgemeinen Universitätsinteresse in hohem Grade zu bedauern.

Wenn Herr v. Hertling auf die Raumerschen Schöpfungen[198] im preußischen Universitätswesen hinweist als zu Recht bestehend, so ist das Bestehen ja unbestritten, minder aber das Recht. Der Olmützer Vertrag[199] hat auch bestanden, aber nicht zu Recht. Ein Schandfleck auf dem preußischen Ehrenschilde kann nicht verjähren.

Noch mag erwähnt werden, daß die Äußerungen allerdings durch die Straßburger Vorgänge der letzten Zeit veranlaßt worden sind, daß sie aber über den »Fall Spahn« keinesfalls aburteilen. Ich kenne weder die wissenschaftlichen Leistungen dieses Gelehrten noch seine Persönlichkeit; ist der Mann seiner Stellung wert, so ist er sehr zu bedauern.

Die Doktrin von der Unwißbarkeit alles desjenigen, was auf empirischem Weg nicht erkannt werden kann, übt natürlich auf alle schlechten, und überhaupt auf alle unproduktiven Köpfe einen verführerischen Reiz aus.

Richard Rothe[200]

Die durch das Gegenüber zu organisierten Kirchen besonders prekäre ... Problematik der Lehrfreiheit regelt sich nach protestantischem Verständnis im Vertrauen auf die sich durchsetzende Macht der Wahrheit am besten durch die Selbstkontrolle der innertheologischen Diskussion und durch die Selbstprüfung des Gewissens des einzelnen Theologen.

Gerhard Ebeling[201]

Anhang II

Der Kirchenrechtler Martin Heckel
zu Theologie als Wissenschaft

Das Buch des Kirchenrechtlers Martin Heckel: Die theologischen Fakultäten im weltlichen Verfassungsstaat, JusEcc 31, 1986, gehört zur Standardlektüre eines jeden Dekans der theologischen Fakultäten Deutschlands. Es legt dar, warum die theologischen Fakultäten ein legitimer Bestandteil der deutschen Universitäten sind. Einige Begründungen seien im folgenden zitiert, damit sich auch der in das Kirchenrecht nicht eingeweihte Leser ein eigenes Urteil bilden kann:

»Der moderne freiheitliche Kulturstaat fördert die verschiedenen Wissenschaften, Kunstrichtungen, sonstigen Kulturphänomene pluralistisch und frei jeweils in der Verschiedenheit und Vielfalt ihres geistigen – auch religiösen und weltanschaulichen – Profils. Er hat es sich verfassungsrechtlich versagt, sie auf den nivellierenden Leisten eines autoritativen staatlichen Wissenschafts- bzw. Kunstbegriffs zu schlagen. Die Garantie der Wissenschaftsfreiheit in Art. 5 III GG ist nach so gut wie unbestrittener Auffassung i.(m) S.(inne) pluralistischer Offenheit und Enthaltsamkeit des Staates von einer materialen Selektion und Präklusion des Wissenschaftsbegriffs der Verfassung zu verstehen ... So schützt sie auch die Theologie als eigenen überkommenen Wissenschaftszweig von kaum bestreitbarem, in der Breite anerkanntem Rang in der deutschen Wissenschaftstradition. Dies gilt zumal im Vergleich mit manchen anderen, jungen Disziplinen der Sozial- und Geisteswissenschaften, die noch um ihren Gegenstand, ihre Methode und ihre wissenschaftlichen Konturen zu ringen haben. Als eigene Wissenschaft wurde die Theologie faktisch wie rechtlich von den Verfassungen vorgefunden und normativ weiter anerkannt und garantiert« (S. 18f).

»Keiner theologischen Fakultät ist es verwehrt, ihr eigenes Wissenschaftsverständnis und Erkenntnisziel im Sinne der Universalität des wissenschaftlichen Wahrheitsstrebens und des (›wahren‹) christlichen Offenbarungsverständnisses zu definieren. So wird die evangelische Theologie bemüht sein und vielleicht auch geltend machen, die wahre Katholizität und den eigentlichen Sinn ›des Religiösen‹ treffender zu erfassen als die allgemeine Religionswissenschaft und als die katholische Theologie ... Aber solange die Konfessionen und die von ihnen geprägte und sie tragende Theologie getrennt sind und noch nicht geistlich zur ökumenischen Einigung zurückgefunden haben, solange sie sich auch von einer säkularen Religionswissenschaft in ihrem Glaubens- und Wissenschaftsverständnis tief unterscheiden, kann ein freiheitlicher, weltlicher Kulturstaat die religiöse Krise und Spaltung durch sein weltliches Recht weder überwinden noch säkularisierend ignorieren« (S. 253).

»Die Bekenntnisbindung der Theologie an das Evangelium und die Bekenntniswahrung der evangelischen Kirche durch ihr verbindliches Votum bei theologischen Berufungen verletzen also nicht die Grundrechte der Religions- und Wissenschaftsfreiheit, sondern sind durch sie verfassungsrechtlich garantiert. Und ein Lehrer der Theologie hat zwar die liberale Freiheit, aus den theologischen Bindungen seines Amtes zu entweichen, die er in voller Kenntnis freiwillig zu erfüllen versprach – aber er hat keineswegs die ›Freiheit‹ (d.h. Eingriffsbefugnis), die Glaubenslehren seiner Kirche gegen deren Willen durch sein staatliches Lehramt zu verkehren« (S. 169).

Zur Kritik: Gegenüber dem zuletzt Gesagten möchte ich mit allem Nachdruck einwenden: Gewissensgründe können den einzelnen Theologen – nach eingehender Selbstprüfung im Lichte wissenschaftlicher Einsichten – geradezu zwingen, die Glaubenslehren seiner Kirche zu bekämpfen.

Im übrigen ist Heckels allgemeinen juristischen Formulierungen, die lediglich an der Erhaltung des gegenwärtigen Zustands interessiert sind, im Gebiet der sogenannten wissenschaftlichen Theologie nur beizukommen, indem der von ihm vorausgesetzte Offenbarungsanspruch auf geschichtlichem Gebiet überprüft wird. Denn die gegenwärtige Theologie akzeptiert ja (noch) die historische Kritik. Alles andere führte in endlose wissenschaftstheoretische Diskussionen, zu denen auch die Kritik an Heckels pluralistischem Wissenschaftsbegriff gehören würde, der Theologie in die Nähe von Beliebigkeit rückt.

Heckels Verständnis von Evangelium gehört einer mythologischen Weltsicht und dem Arsenal einer vorneuzeitlichen Theologie an. Ihm zufolge ist die Lehrfreiheit des evangelischen Theologen »inhaltlich exklusiv bestimmt durch die Beziehung auf das Evangelium: Sie meint die Freiheit aus *der Wahrheit und dem Erlösungshandeln Gottes, die aus dem sola scriptura, sola gratia, sola fide erwächst und von Sünde, Irrtum und vom Zorne Gottes zum Glauben und zum Heil befreit*, sich also im paulinischen und reformatorischen Sinne nur christologisch und soteriologisch begreifen läßt und sich zutiefst von einem immanent-säkularen menschlichen Freiheitsverständnis unterscheidet« (S. 168, Hervorhebung vom Vf.).

Es gilt also, sich um den von Heckel beschriebenen Inhalt des Evangeliums zu bemühen und seine Voraussetzungen kritisch zu befragen, was in diesem Buch, soweit das historisch möglich war, geschehen ist; auf der juristischen Ebene scheint ein konstruktiver Dialog kaum möglich zu sein.

Bedenklich angesichts der noch gültigen Rechtslage stimmt jedoch, daß mit Heckels Ausführungen jeglicher Aberglauben an der deutschen Universität verankert werden könnte. Aber darum geht es: mit Argumenten Überzeugungsarbeit zu leisten, daß an den deutschen Universitäten der Zukunft nicht zahllose verschiedene theologische Fakultäten Einzug halten. Denn dem geltenden Recht zufolge hätte der weltliche Staat die Pflicht, auch für Zeugen Jehovas, Muslime, Buddhisten, Juden und andere Religionsgemeinschaften als Körperschaften öffentlichen Rechts theologische Fakultäten einzurichten, wenn die Größe der jeweiligen Gruppen es erfordert. Aber die deutsche Öffentlichkeit hat keineswegs an zehn oder mehr theologischen Fakultäten Interesse, sondern verlangt nach Aufklärung über die verschiedenen Religionen an *einer* Fakultät. Entsprechendes wäre auch über den Religionsunterricht an öffentlichen Schulen zu sagen. Auch er sollte ab sofort als *ein* Fach nach den Grundsätzen der Wissenschaften und nicht nach den Grundsätzen der Religionsgemeinschaften erteilt werden, wie es noch in Art. 7 Abs. 3 GG festgelegt ist. Diese Forderung ergibt sich aus denselben Gründen, die in diesem Buch für die Errichtung *einer* theologischen Fakultät angeführt wurden.

Anmerkungen

1   Brief an W. Robertson Smith; zitiert nach Rudolf Smend: Well-
    hausen in Greifswald, in: ZThK 78. 1981, S. 141-176, hier S.
    171.

2   Vgl. unten S. 17 mit Anm. 19.

3   Franz Overbeck: Werke und Nachlaß, Band 5: Kirchenlexicon.
    Texte. Ausgewählte Artikel J-Z, 1995, S. 476.

4   Bei Origenes, Contra Celsum IV 23 (Übersetzung nach Carl
    Andresen: Logos und Nomos. Die Polemik des Kelsos wider das
    Christentum, AKG 30, S. 226).

5   Vgl. Gerd Lüdemann: Der große Betrug. Und was Jesus
    wirklich sagte und tat, 1998, S. 9-18.

6   S. dazu unten S. 94-98.

7   Deutsches Allgemeines Sonntagsblatt Nr. 18 vom 1. Mai 1998,
    S. 20.

8   Vgl. Martin Heckel: Die theologischen Fakultäten im weltlichen
    Verfassungsstaat, JusEcc 31, 1986, S. 201f.

9   Vgl. idea Spektrum Nr. 13 vom 25. März 1998, S. 16, wo Lin-
    nenbrinks Votum wie folgt wiedergegeben wird: »Wer sich vom
    Christentum lossage, könne nicht erwarten, daß die Seminarar-
    beiten seiner Studenten noch prüfungsrelevant für kirchliche
    Examina seien.«

10 Vgl. die Nachweise bei Gerhard Besier: konzern kirche. Das
    Evangelium und die Macht des Geldes, 1997, S. 140-149 (»Der
    ›Fall‹ Lüdemann«).

11 Diese Konföderation besteht aus folgenden Kirchen: Hannover,
    Braunschweig, Oldenburg und Schaumburg-Lippe.

12 Von diesem Schritt habe ich aus der Presse erfahren: Hannover-
    sche Allgemeine Zeitung und Göttinger Tageblatt vom 22. Mai
    1998. Vgl. Deutsches Allgemeines Sonntagsblatt Nr. 22 vom 29.
    Mai 1998, S. 25.

13 Joseph Listl (Hrsg.): Die Konkordate und Kirchenverträge in der Bundesrepublik Deutschland. Textausgabe für Wissenschaft und Praxis, Zweiter Band, 1987, S. 110f.

14 Axel von Campenhausen: Staatskirchenrecht. Ein Studienbuch, Juristische Kurzlehrbücher, [2]1983, S. 124f.

15 Axel von Campenhausen: Theologische Fakultäten/Fachbereiche, in: Handbuch des Wissenschaftsrechts, Band 2, 1982, S. 1030.

16 Vgl. unten S. 95 mit Anm. 187.

17 Dabei wurde mir Gelegenheit zu einer schriftlichen Stellungnahme (»Anhörung«) bis zum 1. September 1998 gegeben.

18 Freilich hat laut idea Nr. 90/1998 vom 29. Juli der Dekan der Theologischen Fakultät Göttingen ein Gutachten zur Frage angekündigt, »ob ein Theologe, der den christlichen Glauben ablehnt, weiter Mitglied der theologischen Fakultät sein könne«. Das würde gegebenenfalls auf einen Rechtsstreit zwischen dem Land Niedersachsen und der Theologischen Fakultät hinauslaufen.

19 Um nur ein Beispiel aus neuerer Zeit anzuführen: Der zur Zeit bekannteste Neutestamentler Deutschlands, Gerd Theißen, der sich besonders um die Berücksichtigung soziologischer Fragestellungen verdient gemacht hat, wurde aufgrund des Einspruchs der evangelischen Kirche nicht an die Universität Kiel berufen. Erst nach mehreren Jahren im Schuldienst und anschließender Tätigkeit im Ausland erhielt er einen Ruf an die Universität Heidelberg.

20 Entsprechend verliert ein evangelischer oder katholischer Religionslehrer, wenn er aus der jeweiligen Kirche austritt, die rechtliche Befähigung für seinen Beruf.

21 Vgl. Heckel, Fakultäten (wie Anm. 8), mit der äußerst positiven Besprechung von Christoph Link: Der Rechtsstatus der Theologischen Fakultäten, in: ThR 53. 1988, S. 405-416; Jörg Kriewitz: Die Errichtung theologischer Hochschuleinrichtungen durch den Staat, JusEcc 42, 1992.

22 S. dazu unten S. 54f.

23 Friedrich Schleiermacher: Kurze Darstellung des theologischen Studiums zum Behuf einleitender Vorlesungen, Kritische Aus-

gabe, hrsg. v. Heinrich Scholz, [3]1910, S. 4 (§ 11). Vgl. Friedrich Schleiermacher: Der christliche Glaube nach den Grundsätzen der evangelischen Kirche im Zusammenhange dargestellt I ([2]1830), [7]1960, S. 115 (§ 17.3): »... dogmatische Sätze (sc. sind) desto vollkommner, je mehr die Wissenschaftlichkeit ihnen einen ausgezeichneten kirchlichen Wert gibt, und je mehr auch der wissenschaftliche Gehalt die Spuren davon trägt, aus dem kirchlichen Interesse hervorgegangen zu sein.«

24 Albrecht Ritschl: Die christliche Lehre von der Rechtfertigung und Versöhnung I, [3]1889, S. 1.

25 Karl Barth: Die kirchliche Dogmatik I/2. Die Lehre vom Wort Gottes. Prolegomena zur kirchlichen Dogmatik, 1938, S. 198. Zu Barths Stellung zur Jungfrauengeburt vgl. Gerd Lüdemann: Jungfrauengeburt? Die wirkliche Geschichte von Maria und ihrem Sohn Jesus, 1997, S. 41-45.

26 Zu Adolf (von) Harnack s. unten S. 66f und 69-72.

27 Zur erneuten ausführlichen Begründung vgl. Lüdemann, Jungfrauengeburt? (wie Anm. 25), S. 50-131.

28 Adolf von Harnack selbst schrieb mit Bezug auf Karl Barths Werk »Die christliche Dogmatik im Entwurf. Erster Band. Die Lehre vom Worte Gottes« (1927), in dem Barth seine Auffassung zur Jungfrauengeburt erstmals ausführlich darlegte (vgl. dazu Lüdemann, Jungfrauengeburt?, S. 42): »Barth's Dogmatik habe ich vor Monaten teils mit den Augen teils mit den Fingern gelesen. Von der Trinitätslehre u(nd) Christologie habe ich nur den Eindruck nachbehalten, daß sie für mich von A - Z nicht diskutabel waren, dazu weder gelehrt noch poetisch. In schrecklichster Erinnerung ist mir der Abschnitt über die Geburt aus der Jungfrau« (Postkarte an Martin Rade vom 15.9.1928; zitiert nach Johanna Jantsch [Hrsg.]: Der Briefwechsel zwischen Adolf von Harnack und Martin Rade. Theologie auf dem öffentlichen Markt, 1996, S. 837).

29 Gustav Krüger: Die unkirchliche Theologie, in: ChW 14. 1900, Sp. 804-807, hier Sp. 805.

30 William Wrede: Über Aufgabe und Methode der sogenannten Neutestamentlichen Theologie, 1897, S. 15.

31 Zur Entstehungsgeschichte dieses Lexikons vgl. Alf Özen: »Die Religion in Geschichte und Gegenwart« als Beispiel für Hoch-Zeit und Niedergang der »Religionsgeschichtlichen Schule« (*I. Teil: RGG*[1]), in: Gerd Lüdemann (Hrsg.): Die »Religionsge-schichtliche Schule«. Facetten eines theologischen Umbruchs, STRS 1, 1996, S. 149-206.

32 Brief vom 27. Januar 1905 (zitiert nach Özen, »Die Religion in Geschichte und Gegenwart« [wie Anm. 31], S. 160 [Hervor-hebungen im Original]). Die Antwort des Verlegers lautete: »Trotzdem ich *persönlich* durchaus fortschrittlich gestimmt bin ..., bin ich der Meinung, daß ein auf einen *großen Abnehmer-kreis* berechnetes Lexikon, das Ihren Standpunkt der Kirche und Kirchlichkeit gegenüber *jetzt* einnähme, ein Mißgriff wäre. Ich halte die Zeit für ein derartig radikal antikirchliches Lexikon nicht für gekommen ...« (Brief vom 4. Februar 1905; zitiert nach Özen, S. 162 [Hervorhebungen im Original]).

33 Vgl. zu ihm jetzt die Darstellung von Eckart Nase: Oskar Pfi-sters analytische Seelsorge. Theorie und Praxis des ersten Pasto-ralpsychologen, dargestellt an zwei Fallstudien, APrTh 3, 1993.

34 Oskar Pfister: Die Aufgabe der Wissenschaft vom christlichen Glauben in der Gegenwart, 1923, S. 13.

35 1959 (Seitenbelege nach dem Wiederabdruck dieses Vorwortes in der vierten Auflage 1967).

36 Joachim Jeremias: Die Gleichnisse Jesu (Vorwort zur sechsten Auflage), [7]1965, S. 5.

37 Ulrich Wilckens: Der Brief an die Römer, 1. Teilband: Röm 1-5, EKK VI/1, 1978, S. VI.

38 Gerhard Sellin: Der Streit um die Auferstehung der Toten. Eine religionsgeschichtliche und exegetische Untersuchung zu 1 Ko-rinther 15, FRLANT 138, 1986, S. 5.

39 In: Rudolf Bultmann: Glauben und Verstehen I, [9]1993, UTB 1760, S. 1-25 (Nachweise daraus im Folgenden im Text).

40 Rudolf Bultmann: Das Problem einer theologischen Exegese des Neuen Testaments (1925), wieder abgedruckt bei Jürgen Molt-mann (Hrsg.): Anfänge der dialektischen Theologie, Teil II, [4]1987, S. 47-72 (Nachweise aus diesem Aufsatz im Folgenden im Text).

41 Rudolf Bultmann: Theologie des Neuen Testaments, UTB 630, [9]1984, S. 600.

42 Es handelt sich vor allem um Wilhelm Heitmüller, Johannes Weiß und Wilhelm Bousset. Vgl. Martin Evang: Rudolf Bultmann in seiner Frühzeit, BHTh 74, 1988.

43 Rudolf Bultmann: Ethische und mystische Religion im Urchristentum (1920), wieder abgedruckt bei Moltmann, Anfänge (wie Anm. 40), S. 29-47, hier S. 34.

44 Bultmann, Theologie (wie Anm. 41), S. 189 (Hervorhebungen im Original).

45 1949, Neuausgabe mit veränderter Seitenzählung, dtv 4580, [2]1993 (hiernach wird zitiert; Nachweise daraus im Folgenden im Text).

46 Vgl. dazu Karl Hoheisel: Das antike Judentum in christlicher Sicht. Ein Beitrag zur neueren Forschungsgeschichte, StOR 2, 1978.

47 Vgl. die durchschlagende Kritik bei E.P. Sanders: Paulus und das palästinische Judentum. Ein Vergleich zweier Religionsstrukturen, StUNT 17, 1985, S. 37-46.

48 Vgl. Bultmanns Ausführungen zu Röm 7: Bultmann, Theologie (wie Anm. 41), S. 248; Gerd Lüdemann: Zwischen Karfreitag und Ostern, in: Hansjürgen Verweyen (Hrsg.): Osterglaube ohne Auferstehung? Diskussion mit Gerd Lüdemann, QD 155, [2]1995, S. 13-46, hier S. 37-40.

49 Vgl. nur Günter Klein: Ein Sturmzentrum der Paulusforschung, in: VF 33/1. 1988, S. 40-56, hier S. 42f und 52.

50 Bultmann, Problem (wie Anm. 40), S. 51 (Hervorhebungen im Original).

51 Bultmann, Problem, S. 58.

52 Zum Erweis der Echtheit dieses Wortes (in der lukanischen Form) vgl. Gerd Lüdemann: Der große Betrug. Und was Jesus wirklich sagte und tat, 1998, S. 92f.

53 Vgl. Lüdemann, Betrug, S. 87.

54 Hippolyt, Danielkommentar IV 18,1ff (Übersetzung nach G. Nathanael Bonwetsch [Hrsg.]: Hippolyt's Kommentar zum Buche Daniel und die Fragmente des Kommentars zum Hohenliede, GCS, 1897, S. 232).

118

55 Hippolyt, Danielkommentar IV 19,3ff (Übersetzung nach Klaus Berger/Carsten Colpe: Religionsgeschichtliches Textbuch zum Neuen Testament, TNT 1, 1987, S. 293). Zu beiden Hippolyttexten vgl. Gerd Lüdemann: Ketzer. Die andere Seite des frühen Christentums, 1995, S. 122f.

56 WA 53, 171 (Übersetzung nach Emanuel Hirsch: Hilfsbuch zum Studium der Dogmatik. Die Dogmatik der Reformatoren und der altevangelischen Lehrer quellenmäßig belegt und verdeutscht, ⁴1964, S. 264f).

57 WA.DB 11/2, 124f (zitiert nach Hirsch, Hilfsbuch, S. 265).

58 Ein einflußreicher Pastor aus San Antonio in Texas, John Hagee, sieht neuerdings in der Ermordung des israelischen Premierministers Rabin den Beginn des Endes und hat darüber einen Bestseller geschrieben, den offenbarungshungrige Christen in den USA nur so verschlingen; vgl. John Hagee: Beginning of the End. The Assassination of Yitzhak Rabin and the Coming Antichrist, 1996.

59 Vgl. Rudolf Bultmanns Aufsatz aus dem Jahre 1941: Neues Testament und Mythologie. Das Problem der Entmythologisierung der neutestamentlichen Verkündigung, Nachdruck der 1941 erschienenen Fassung hrsg. v. Eberhard Jüngel, BEvTh 96, ³1988, in dem das Programm der Entmythologisierung geboren wurde.

60 Vgl. Gerd Lüdemann: Das Unheilige in der Heiligen Schrift. Die andere Seite der Bibel, 1996, S. 67-70, und die Ausführungen von Heikki Räisänen: Marcion, Muhammad and the Mahatma, 1997, S. 153-169.

61 Vgl. bereits die hellsichtige Kritik von Walther Köhler: Ernst Troeltsch, 1941, S. 398-414.

62 Vgl. Eduard Lohse: Erneuern und Bewahren. Evangelische Kirche 1970-1990, 1993, S. 163.

63 Georg Huntemann: Betrug oder Selbstzerstörung?, in: idea Spektrum Nr. 16 vom 15. April 1998, S. 27. Die Sätze davor lauten: »Rudolf Bultmann ..., der mit seiner radikalen Kritik an der Jesus-Überlieferung die Theologenwelt Mitte dieses Jahrhunderts von Lappland bis in die Savannen Afrikas in Atem hielt, wird heute gern von in dieser Angelegenheit wenig erfahrenen Journalisten (und manchmal auch Theologen) mit Gerd

Lüdemann in einem Atemzug genannt. Aber was Lüdemann als ›großen Betrug‹ abqualifiziert, war für Bultmann immerhin noch ›Gemeindetheologie‹ und als solche ›Offenbarung‹.«

64 Rudolf Bultmann: Theologie als Wissenschaft, in: ZThK 81. 1984, S. 447-469, hier S. 467. Dieser Aufsatz geht auf einen Vortrag zurück, den Bultmann im Jahre 1941 auf jener Tagung gehalten hat, auf der er auch über »Neues Testament und Mythologie« (s. oben Anm. 59) sprach. Vgl. Klaus W. Müller: Zu Rudolf Bultmanns Alpirsbacher Vortrag über »Theologie als Wissenschaft«, in: ZThK 81. 1984, S. 470f. Nachweise aus Bultmanns Aufsatz im Folgenden im Text.

65 Zu dieser Entgegensetzung vgl. Ernst Troeltsch: Rückblick auf ein halbes Jahrhundert der theologischen Wissenschaft, in: ders.: Gesammelte Schriften II: Zur religiösen Lage, Religionsphilosophie und Ethik, [2]1922, S. 193-226, hier S. 196.

66 Reinhard Slenczka: Kirchliche Entscheidung in theologischer Verantwortung. Grundlagen - Kriterien - Grenzen, 1991, S. 38 (im Original kursiv).

67 Vgl. exemplarisch Paul Althaus: Die christliche Wahrheit. Lehrbuch der Dogmatik, [4]1958, S. 182: »Die Inspiration der Schrift läßt sich weder als geschichtlicher Akt aus der Gesamtgeschichte der Schrift, die durch Gottes Geist geleitet wird, heraus und für sich nehmen; noch läßt sich die Göttlichkeit, die Geistgewirktheit des Ganzen von seiner Geschichtlichkeit und Menschlichkeit theoretisch unterscheiden und abgrenzen. Das Göttliche ist nicht n e b e n dem Menschlichen da, sondern i n ihm. Jede Verhältnisbestimmung verbietet sich. Man kann nur beide, die Göttlichkeit und die Menschlichkeit des Geschehens um die Schrift einfach aussagen und in ihrer Hochspannung zueinander stehen lassen.«

68 Vgl. Lüdemann, Ketzer (wie Anm. 55), S. 116-127.

69 Wilfried Joest: Fundamentaltheologie. Theologische Grundlagen- und Methodenprobleme, ThW 11, [3]1988, S. 251 (Nachweise daraus im Folgenden im Text).

70 Horst Georg Pöhlmann: Abriß der Dogmatik. Ein Kompendium, [5]1990, S. 28. Entsprechend erklärt Pöhlmann in Auseinandersetzung mit den von Heinrich Scholz (Wie ist evangelische

Theologie als Wissenschaft möglich?, in: ZZ 9. 1931, S. 8-53) erhobenen »Mindestanforderungen« an die wissenschaftliche Theologie: »Gänzlich inakzeptabel ist für die Theologie an diesem Programm auf jeden Fall das Vorurteilslosigkeitspostulat, da sie von dem Vorurteil der Offenbarung und des Glaubens ausgeht, da Gott vor der Wissenschaft von Gott ist und da diese Wissenschaft sich im theologischen Zirkel befindet« (ebd., S. 33).

71   Vgl. Wilfried Härle: Dogmatik, 1995, S. 10 (Nachweise aus diesem Werk im Folgenden im Text; Hervorhebungen im Original).

72   Vgl. jetzt die erste deutsche Gesamtübersetzung der Nag-Hammadi-Texte durch Gerd Lüdemann/Martina Janßen: Bibel der Häretiker. Die gnostischen Schriften aus Nag Hammadi, 1997.

73   Lüdemann/Janßen, Bibel, S. 408. Ein weiteres Beispiel sei hier angeführt: Die Schrift ohne Titel 103,2-19: »Als sich aber die Himmel gefestigt hatten zusammen mit ihren Mächten und ihrer ganzen Einrichtung, wurde der Archigenetor hochmütig. Und er wurde gepriesen von dem gesamten Heer der Engel. Und alle Götter und ihre Engel ehrten und rühmten ihn. Er aber seinerseits war voll von Freude und brüstete sich ununterbrochen, indem er zu ihnen sagte: ›Ich brauche niemanden.‹ Und er sagte: ›Ich bin Gott, und es gibt keinen anderen außer mir‹ (Jes 45,5). Und als er dies gesagt hatte, sündigte er gegen alle Unsterblichen, welche Antwort gaben. Und sie bewahrten es für ihn auf. Dann, als Pistis die Gottlosigkeit des großen Archon sah, wurde sie vom Zorn erfüllt. Sie war unsichtbar. Sie sagte: ›Du irrst dich, Samael‹, das heißt ›der blinde Gott‹« (Lüdemann/Janßen, Bibel, S. 189f).

74   Vgl. beispielsweise Joachim Ringleben: Wahrhaft auferstanden. Zur Begründung der Theologie des lebendigen Gottes, 1998, S. 49 Anm. 102: »Zuletzt geht es bei der Erörterung der Auferstehung Jesu Christi um die Frage, ob Gott in Christus wirklich selber in die Welt gekommen ist und von sich aus Gemeinschaft mit uns Menschen hergestellt hat ... Darum ist der Glaube an die Auferstehung wesentlich eins mit dem Glauben an Gottes Gott-

heit: ›So dringet dich die Folge, daß du die Auferstehung der Todten mußt glauben, so gewiß als Gott Gott ist‹ (WA 36, 527). An die Auferstehung zu glauben, ist nicht schwerer oder leichter, als überhaupt an Gottes Wirklichkeit zu glauben.«

75 Paul de Lagarde: Ueber das Verhältnis des deutschen Staates zu Theologie, Kirche und Religion. Ein Versuch Nicht-Theologen zu orientieren, in: ders.: Deutsche Schriften. Gesammtausgabe letzter Hand, [5]1920, S. 40-83, hier S. 74.

76 Vgl. zum Folgenden Gerd Lüdemann: Die Auferstehung Jesu. Historie, Erfahrung, Theologie, Stuttgart 1994.

77 So schon Paulus:»Ist aber Christus nicht auferweckt worden, so ist unsere Predigt vergeblich, so ist auch euer Glaube vergeblich« (1Kor 15,14).

78 Johannes Weiß: Der erste Korintherbrief, KEK 5, [9]1910, S. 349.

79 Wolfhart Pannenberg: Systematische Theologie II, 1991, S. 401.

80 So Hans von Campenhausen: Der Ablauf der Osterereignisse und das leere Grab (1952), in: ders.: Tradition und Leben. Kräfte der Kirchengeschichte. Aufsätze und Vorträge, 1960, S. 48-113, hier S. 107.

81 Vgl. Kirsopp Lake: The Historical Evidence for the Resurrection of Jesus Christ, [2]1912, S. 251-253.

82 Vgl. Lüdemann, Auferstehung (wie Anm. 76).

83 Joachim Ringleben: Wahrhaft auferstanden. Zur Begründung der Theologie des lebendigen Gottes, 1998 (Belege aus diesem Buch im Folgenden im Text).

84 Vgl. bereits oben S. 43 mit Anm. 74.

85 Vgl. zum letzten Abschnitt Ernst Troeltsch: Ueber historische und dogmatische Methode in der Theologie, in: ders.: Gesammelte Schriften II: Zur religiösen Lage, Religionsphilosophie und Ethik, [2]1922, S. 729-753.

86 Franz Overbeck: Christentum und Kultur. Gedanken und Anmerkungen zur modernen Theologie. Aus dem Nachlaß herausgegeben von Carl Albrecht Bernoulli, 1919, S. 76. Der nachfolgende Satz lautet:»Das vergißt niemand mehr als die Theologie, ... und keine Theologie mehr als die moderne« (ebd.).

87 Ernst Troeltsch: Voraussetzungslose Wissenschaft, in: ders., Gesammelte Schriften II (wie Anm. 85), S. 183-192, hier S. 188.

88 Zur gegenwärtigen Lage der Religionswissenschaft vgl. Hubert Cancik/Burkhard Gladigow u.a. (Hrsg.): Handbuch religionswissenschaftlicher Grundbegriffe, Band I-V, 1988-1998, und die reichhaltige Anthologie von Jacques Waardenburg: Classical Approaches to the Study of Religion, 2 volumes, 1973/1974. Man möge mir besonders von religionswissenschaftlicher Seite nachsehen, daß ich hier keinen neuen Studiengang und sein Curriculum entwerfen kann. Ich will zunächst eine Schneise in das Dickicht heutiger Theologie schlagen, um die Möglichkeit einer künftig auch institutionell verankerten gemeinsamen Arbeit anzubahnen.

89 E.M. Cioran: Anfänge einer Freundschaft, in: Hans Peter Duerr (Hrsg.): Die Mitte der Welt. Aufsätze zu Mircea Eliade, 1984, S. 183-191, hier S. 191.

90 Vgl. Kurt Rudolph: Die religionskritischen Traditionen in der Religionswissenschaft, in: Hans G. Kippenberg/Brigitte Luchesi (Hrsg.): Religionswissenschaft und Kulturkritik. Beiträge zur Konferenz The History of Religions and Critique of Culture in the Days of Gerardus van der Leeuw (1890-1950), 1991, S. 149-156 (Lit.).

91 David Friedrich Strauß: Die christliche Glaubenslehre in ihrer geschichtlichen Entwicklung und im Kampfe mit der modernen Wissenschaft. Erster Band, 1840, S. X.

92 Franz Overbeck, Werke 5 (wie Anm. 3), S. 580.

93 Abgedruckt bei Gerd Lüdemann/Martin Schröder: Die Religionsgeschichtliche Schule in Göttingen. Eine Dokumentation, 1987, S. 113. Die fünf Grundsätze wurden von Friedrich Michael Schiele formuliert als Auflage für die Mitarbeiter der »Religionsgeschichtliche(n) Volksbücher«, einer populären Reihe, die von Mitgliedern der RGS und ihren Sympathisanten verfaßt wurde. (Vgl. dazu allgemein Nittert Janssen: Theologie fürs Volk. Eine Untersuchung über den Einfluß der Religionsgeschichtlichen Schule auf die Popularisierung der theologischen Forschung vor dem Ersten Weltkrieg, STRS 5, 1999.) Zur zeitgenössischen Auseinandersetzung mit den fünf genannten Grundsätzen vgl. Julius Kaftan: Jesus und Paulus. Eine freundschaftliche Streitschrift gegen die Religionsgeschichtlichen

Volksbücher von D. Bousset und D. Wrede, 1906, S. 1-9. Kaftan übt scharfe Kritik am zweiten Grundsatz, dem Gesetz der Unverbrüchlichkeit der wissenschaftlichen Methode. Es bedeute »hier so viel wie den Vorsatz: wir wollen die Geschichte erkennen nicht wie sie ist oder war, sondern *wie sie sein darf*. Nämlich nach unseren Voraussetzungen, nach den Voraussetzungen unserer modernen Weltanschauung sein darf« (S. 5f). Kaftan fährt fort: »Und deshalb muß man sich vor diesem vermeintlichen Gesetz der Gelehrtenrepublik in der Geschichtswissenschaft als vor einer Quelle des Irrtums allen Fleißes hüten« (S. 6). Konkret bedeutet das für Kaftan, Jesu »Auferweckung von den Todten ... unter allen Umständen (für) eine gewaltige Tatsache der Geschichte« (S. 8) zu halten und das Problem des leeren Grabes bzw. der Wiederbelebung der Leiche Jesu als Voraussetzung seiner Auferweckung zu übergehen. Kaftan zieht das Fazit: »Denn wenn wir zwar alle heute ein andres natürliches *Weltbild* haben als die Männer des Neuen Testamentes, so stehen wir, die wir die moderne Weltanschauung ablehnen, ihnen in diesem Punkte doch näher als deren Freunde« (ebd.). Zur Auferstehung Jesu s. oben S. 43-53.

94 Wilhelm Lueken (1875-1961) war Schüler und Freund Wilhelm Boussets. Er verfaßte auf Anregung Wilhelm Heitmüllers das Buch »Der Erzengel Michael« (1896) und wirkte beim »Göttinger Bibelwerk« mit (vgl. dazu Lüdemann/Schröder, Religionsgeschichtliche Schule [wie Anm. 93], S. 125-127).

95 David Friedrich Strauß' (1808-1874) Werk »Das Leben Jesu« (2 Bände, 1835/36; [3]1838/39) war Grundlagenlektüre der Mitglieder der RGS. Noch Rudolf Bultmann plante, die erste Auflage seines Buchs »Die Geschichte der synoptischen Tradition« (1921) dem Andenken D.F. Strauß' zu widmen, nahm davon dann aber aus taktischen Gründen Abstand, weil dieser in Theologie und Kirche verrufen war (vgl. Gerd Lüdemann: Die Auferstehung Jesu. Historie, Erfahrung, Theologie, Stuttgart 1994, S. 210 Anm. 76).

96 Paul Tschackert (1848-1911) war seit 1890 Nachfolger seines Lehrers Hermann Reuter (1817-1889) als ordentlicher Professor für Kirchengeschichte in Göttingen.

97 Matthias Claudius (1740-1815) war der erste halberbauliche Volksschriftsteller, der im Zeitalter der Aufklärung die Vernunft gläubig machen wollte (und nicht den Glauben vernünftig).

98 Friedrich Naumann (1860-1919); vgl. Theodor Heuß: Friedrich Naumann. Der Mann, das Werk, die Zeit, [3]1968. Pfarrer F. Naumann, zeitlebens Boussets Vorbild, gab ab Dezember 1894 das Wochenblatt »Die Hilfe« heraus (vgl. Anm. 121). 1907 wurde er im Wahlkreis Heilbronn als liberaler Einzelkandidat in den Reichstag gewählt; diesem gehörte er mit einer kurzen Unterbrechung (1912-1913) bis 1919 an.

99 Brief von Karl Woebcken an Emil Lueken, zitiert nach Alf Özen: Die Göttinger Wurzeln der »Religionsgeschichtlichen Schule«, in: Gerd Lüdemann (Hrsg.): Die »Religionsgeschichtliche Schule«. Facetten eines theologischen Umbruchs, STRS 1, 1996, S. 23-64, hier S. 50f.

100 Sein Hauptwerk zur Bibel, »Apologie oder Schutzschrift für die vernünftigen Verehrer Gottes«, wurde erst 1972 von Gerhard Alexander in zwei Bänden publiziert. Vgl. unten S. 84f.

101 Lessing veröffentlichte nach dem Tod des Reimarus unter dem Titel »Fragmente eines Ungenannten« Teile von dessen Apologie, die bis in das 20. Jahrhundert maßgeblich für die Leben-Jesu-Forschung blieben.

102 Baur war der Begründer einer konsequent historischen Theologie (zu ihm vgl. Ulrich Köpf: Ferdinand Christian Baur als Begründer einer konsequent historischen Theologie, in: ZThK 89. 1992, S. 440-461). Seine drei bekanntesten Schüler waren David Friedrich Strauß (1808-1874; vgl. Anm. 95), Eduard Zeller (1814-1908) und Albert Schwegler (1819-1857). Die beiden zuletzt Genannten haben sich vor allem auf dem Gebiet der römischen Geschichte (Schwegler) und der griechischen Philosophiegeschichte (Zeller) einen Namen gemacht, aber auch wichtige Beiträge zum frühen Christentum verfaßt (vgl. Gerd Lüdemann: Paulus der Heidenapostel II: Antipaulinismus im frühen Christentum, [2]1990, S. 24-27 [Schwegler]; ders.: Das frühe Christentum nach den Traditionen der Apostelgeschichte. Ein Kommentar, 1987, S. 9f [Zeller]).

103 Hermann Gunkel, zitiert nach Werner Klatt: Hermann Gunkel. Zu seiner Theologie der Religionsgeschichte und zur Entstehung der formgeschichtlichen Methode, FRLANT 100, 1969, S. 28 Anm. 47.

104 Vgl. dazu Gerd Lüdemann/Alf Özen: Art. Religionsgeschichtliche Schule, in: TRE XXVIII, 1997, S. 618-624, hier S. 618f.

105 Vgl. Hugo Greßmann: Albert Eichhorn und Die Religionsgeschichtliche Schule, 1914, S. 5.

106 William Wrede: Das Messiasgeheimnis in den Evangelien. Zugleich ein Beitrag zum Verständnis des Markusevangeliums, 1901 (Nachweise aus diesem Buch im Folgenden im Text).

107 Vgl. Johannes Weiß: Die Predigt Jesu vom Reiche Gottes, 1892.

108 Zu Johannes Weiß vgl. die Arbeit von Berthold Lannert: Die Wiederentdeckung der neutestamentlichen Eschatologie durch Johannes Weiß, TANZ 2, 1989.

109 Hermann Strathmann: Über Wesen, Werden und Wert der religionsgeschichtlichen Behandlung der Anfänge des Christentums, in: NKZ 31. 1920, S. 193-212, hier S. 198; vgl. Otto Baumgarten: Herders Lebenswerk und die religiöse Frage der Gegenwart, 1905.

110 Hermann Gunkel: Zum religionsgeschichtlichen Problem des Neuen Testaments, FRLANT 1, 1903, S. 95f.

111 Vgl. Wilhelm Heitmüller: Taufe und Abendmahl bei Paulus, 1903, S. 40-42 und 49.

112 Vgl. Hermann Gunkel: Die Wirkungen des heiligen Geistes, nach den populären Anschauungen der apostolischen Zeit und der Lehre des Apostels Paulus, 1888, S. 4.

113 Gunkel, Wirkungen, S. 34.

114 Vgl. das Vorwort zur 2. Auflage des in Anm. 112 genannten Buches aus dem Jahre 1890, S. XI.

115 Adolf Harnack: Rezension von Heinrich Weinel: Die Wirkungen des Geistes und der Geister im nachapostolischen Zeitalter bis auf Irenäus, ThLZ, 24. 1899, Sp. 513-515, hier Sp. 515.

116 Ebd., Sp. 515.

117 Man vgl. selbst William Wrede: Über Aufgabe und Methode der sogenannten Neutestamentlichen Theologie, 1897, S. 67: »Bei

Jesus bewegt sich alles um einen aus höchstem religiösen Individualismus geborenen ethischen Imperativ.«

118 Vgl. oben S. 61 und dazu S. 31.

119 Johannes Weiß: Die Nachfolge Christi und die Predigt der Gegenwart, 1895, S. 19.

120 Carl Albrecht Bernoulli: Die wissenschaftliche und die kirchliche Methode in der Theologie. Ein encyklopädischer Versuch, 1897, S. 76f.

121 Vgl. dazu Berthold Lannert: »Wer war Jesus von Nazareth?« Eine Artikelserie von Johannes Weiß in Naumanns Zeitschrift »Die Hilfe«, in: Gerd Lüdemann (Hrsg.): Die »Religionsgeschichtliche Schule«. Facetten eines theologischen Umbruchs, STRS 1, 1996, S. 107-148, hier S. 142f.

122 Vgl. Adolf von Harnack als Zeitgenosse, Teil 1: Der Theologe und Historiker, hrsg. und eingeleitet v. Kurt Nowack, 1996, S. 1-95.

123 Vgl. Hugo Greßmann: Die Aufgabe der alttestamentlichen Forschung, in: ZAW 24. 1924, S. 1-33, hier S. 31f; vgl. auch Carl Clemen: Die Anwendung der Psychoanalyse auf Mythologie und Religionsgeschichte, 1928.

124 Pfister, Aufgabe (wie Anm. 34), S. 21.

125 Abgedruckt in: Adolf Harnack: Reden und Aufsätze II, [2]1906, S. 159-187 (Nachweise daraus im Folgenden im Text).

126 Diese Ausführungen sind angesichts der schweren Einwände des Evangelischen Oberkirchenrates gegen Harnacks Berufung nach Berlin (vgl. dazu Agnes von Zahn-Harnack: Adolf von Harnack, 1936, S. 156-172) mehr als merkwürdig und vielleicht doch nur taktisch bedingt.

127 Adolf Deissmann: Der Lehrstuhl für Religionsgeschichte, 1914, S. 8.

128 Vgl. William Wrede: Theologisches Studium und Religionsgeschichte, 1907, S. 64-83.

129 Brief an Gustav Ruprecht vom 20. Oktober 1914, abgebildet bei Lüdemann/Schröder, Religionsgeschichtliche Schule (wie Anm. 93), S. 8.

130 Vgl. Karl Barth: Der Römerbrief, [2]1922 (= [15]1989).

131 So wurde Hugo Greßmann im Freundeskreis Hermann Gunkels genannt (vgl. Klatt, Gunkel [wie Anm. 103], S. 197).

132 Vgl. Karl Barth - Martin Rade. Ein Briefwechsel, mit einer Einleitung hrsg. von Christoph Schwöbel, 1981, S. 218 (Brief vom 7. November 1926).

133 Hugo Greßmann: Die Bibel als Wort Gottes. Antwort an Emil Brunner, in: ChW 40. 1926, Sp. 1050-1053, hier Sp. 1053.

134 Vgl. bereits Paul de Lagarde: Zum letzten Male Albrecht Ritschl, in: ders.: Mittheilungen, Vierter Band, 1891, S. 384-427, hier S. 388: »Ritschl ist in dem Augenblicke beseitigt, in dem eine historische Schule der Theologie in das Dasein tritt« (1885 niedergeschrieben).

135 Brief von Hugo Greßmann an den Verleger Gustav Ruprecht vom 20. Oktober 1914, abgebildet bei Lüdemann/Schröder, Religionsgeschichtliche Schule (wie Anm. 93), S. 8.

136 Gedanken über Tod und Unsterblichkeit aus den Papieren eines Denkers, nebst einem Anhang theologisch-satyrischer Xenien herausgegeben von einem seiner Freunde (1830), in: Ludwig Feuerbach: Sämtliche Werke. Neu hrsg. v. Wilhelm Bolin und Friedrich Jodl. Elfter Band (Erster Ergänzungsband): Jugendschriften, hrsg. v. Hans-Martin Sass, 1962, S. 69-324, hier S. 259.

137 Rezension zu Paul Wernle, Die Anfänge unsrer Religion, 1901, in: ChW 16. 1902, Sp. 98-105, hier Sp. 101.

138 Walther Köhler: Ernst Troeltsch, 1941, S. 394.

139 Vgl. Gerd Lüdemann/Martin Schröder: Die Religionsgeschichtliche Schule in Göttingen. Eine Dokumentation, 1987; Gerd Lüdemann (Hrsg.): Die »Religionsgeschichtliche Schule«. Facetten eines theologischen Umbruchs, STRS 1, 1996; Gerd Lüdemann/Alf Özen, Art. Religionsgeschichtliche Schule, in: TRE XXVIII, 1997, S. 618-624. Die Homepage des Archivs »Religionsgeschichtliche Schule« im Internet lautet: http://www.gwdg.de/-aoezen/Archiv_RGS/

140 Vgl. das Verzeichnis derjenigen Werke der RGS, die erst kürzlich ins Englische übersetzt wurden, bei Hendrikus Boers: What Is New Testament Theology? The Rise of Criticism and the Problem of a Theology of the New Testament, 1979, S. 88-95.

141 Zu weiteren richtungsweisenden Werken aus der Göttinger RGS vgl. oben S. 60ff.

142 Zu Bousset vgl. Gerd Lüdemann: Die Religionsgeschichtliche Schule, in: Bernd Moeller (Hrsg.): Theologie in Göttingen. Eine Vorlesungsreihe, 1987, S. 325-361, hier S. 342-350.

143 Die internationale Hochschätzung von Schürers Hauptwerk: Geschichte des jüdischen Volkes im Zeitalter Jesu Christi I-III, [4]1909, kommt dadurch zum Ausdruck, daß seit 1973 eine neue englische Ausgabe erschien (The History of the Jewish People in the Age of Jesus Christ [175 B.C. - A.D. 135] by Emil Schürer. A new English Version revised and edited by Geza Vermes and Fergus Millar. Vol. I, 1973; Vol. II, 1979; Vol. III 1/2 [mit Martin Goodman als Mitherausgeber], 1986/1987), die unter Berücksichtigung der neueren Forschung auf diesem Grundlagenwerk aufbaut und ein wissenschaftlich gültiges Kompendium darstellt. Vgl. dazu Martin Hengel: Der alte und der neue ›Schürer‹, in: JSSt XXXV/1. 1990, S. 19-72. Boussets glänzendes Werk: Jüdisch-Christlicher Schulbetrieb in Alexandria und Rom. Literarische Untersuchungen zu Philo und Clemens von Alexandria, Justin und Irenäus, FRLANT 23, 1915, harrt noch immer einer Übersetzung ins Englische. Zu den anderen wegweisenden Beiträgen Boussets zum antiken Judentum vgl. meinen in Anm. 142 genannten Aufsatz.

144 Vgl. dazu Lüdemann, Ketzer (wie Anm. 55), S. 86f; Gerd Theißen/Annette Merz: Der historische Jesus. Ein Lehrbuch, 1996, S. 221-255.

145 Der Untertitel dieses in zahlreiche Sprachen übersetzten Buches lautet: »Über das Irrationale in der Idee des Göttlichen und sein Verhältnis zum Rationalen«. Es entstand in Göttingen, wo Rudolf Otto von 1897 bis 1915 - zuletzt als außerordentlicher Professor - wirkte (vgl. Lüdemann/Schröder, Religionsgeschichtliche Schule [wie Anm. 93], S. 75-77), bis er 1915 Ordinarius in Breslau und 1917 Ordinarius in Marburg wurde. Zur Diskussion dieses Buches vgl. Carsten Colpe (Hrsg.): Die Diskussion um das »Heilige«, WdF CCCV, 1977, S. 257-427.

146 Vgl. nur: Ernst Troeltsch. Writings on Theology an Religion. Translated and edited by Robert Morgan and Michael Pye, 1977.

147 Julius Wellhausen (1844-1918) wirkte in Göttingen von 1892-1918 innerhalb der philosophischen Fakultät als ordentlicher Professor für orientalische Sprachen und biblische Exegese. Er hatte auch in Göttingen studiert und wurde hier 1870 Privatdozent. 1872 ging er als ordentlicher Professor für Altes Testament nach Greifswald und legte dort 1882 die theologische Professur nieder. Von 1885 bis 1892 war er Professor in Marburg.

148 Wilhelm Bousset (1865-1920) war in Göttingen von 1890 bis 1915 erst als Privatdozent, dann (ab 1896) als außerordentlicher Professor für Neues Testament tätig.

149 Walter Bauer (1877-1960) war in Göttingen seit 1920 ordentlicher Professor für Neues Testament.

150 Vgl. Walter Bauer: Griechisch-deutsches Wörterbuch zu den Schriften des Neuen Testaments und der frühchristlichen Literatur, [5]1958; 6., völlig neu bearbeitete Auflage hrsg. v. Kurt und Barbara Aland, 1988.

151 Vgl. Walter Bauer: Rechtgläubigkeit und Ketzerei im ältesten Christentum, BHTh 10, 1934, [2]1964, hrsg. u. ergänzt v. Georg Strecker (amerikanische Neuausgabe 1971, zahlreiche Nachdrucke). Hingewiesen sei auf meine Würdigung: Lüdemann, Ketzer (wie Anm. 55), S. 19-22 mit Anm. 83-88.

152 Überholte Verurteilungen? Die Gegensätze in der Lehre von Rechtfertigung, Abendmahl und Amt zwischen dem Konzil von Trient und der Reformation - damals und heute, herausgegeben von Dietz Lange für die Göttinger Theologische Fakultät, 1991. Im Vorwort heißt es, evangelisch-reformierte Mitglieder der Fakultät hätten sich an der Ausarbeitung der Stellungnahme nicht beteiligt, da sich die kritisierte Studie von Lehmann/Pannenberg (wie Anm. 153) fast ausschließlich auf das Verhältnis von evangelisch-lutherischer und römisch-katholischer Kirche konzentriere (S. 5).

153 Ökumenischer Arbeitskreis evangelischer und katholischer Theologen: Lehrverurteilungen - kirchentrennend? I Rechtfertigung, Sakramente und Amt im Zeitalter der Reformation und

heute, Dialog der Kirchen 4, hrsg. v. Karl Lehmann und Wolfhart Pannenberg, 1986.

154 Lehmann/Pannenberg, Lehrverurteilungen, S. 21.

155 Lehmann/Pannenberg, Lehrverurteilungen, S. 21.

156 Vgl. Lehmann/Pannenberg, Lehrverurteilungen, S. 29-33 (»Die
Autorität der Heiligen Schrift und ihre Auslegung als Grundlage
der Verständigung über den in den gegenseitigen Verwerfungen
strittigen Glauben«).

157 Lange, Verurteilungen (wie Anm. 152), S. 13.

158 Lange, Verurteilungen, S. 15.

159 Lange, Verurteilungen, S. 134f.

160 Art. II/1; BSLK, S. 415f (der Text wurde oben in heutigem
Deutsch wiedergegeben).

161 Katechismus der katholischen Kirche, 1993, S. 190.

162 Der Heidelberger Katechismus, hrsg. v. Otto Weber, GTB 1293,
[4]1990, S. 15.

163 Dies ist auch angesichts des aktuellen Streits um die »Gemeinsame Erklärung zur Rechtfertigungslehre« des Lutherischen
Weltbundes und des Päpstlichen Rates zur Förderung der Einheit der Christen zu betonen.

164 Hermann Samuel Reimarus: Apologie oder Schutzschrift für die
vernünftigen Verehrer Gottes. Im Auftrag der Joachim Jungius-
Gesellschaft der Wissenschaften Hamburg hrsg. v. Gerhard
Alexander, Band II, 1972, S. 511.

165 Reimarus, Apologie, S. 512.

166 Reimarus, Apologie, S. 512f.

167 Wie Anm. 153.

168 Vgl. unten S. 88-91.

169 Als Alternative steht hier: »bzw. der evangelisch-reformierten
Kirche bzw. der evangelischen Kirche, der ich angehöre«.

170 Zum Folgenden vgl. Johannes Meyer: Geschichte der Göttinger
Theologischen Fakultät, in: ZGNKG 42. 1937, S. 7-107; Hans
Walter Krumwiede: Kirchliches Bekenntnis und akademische
Lehrfreiheit. Der Streit zwischen theologischer Fakultät und
Landeskirche im 19. Jahrhundert, in: Bernd Moeller (Hrsg.):
Theologie in Göttingen. Eine Vorlesungsreihe, 1987, S. 213-

231; Rudolf Smend, Art. Göttingen. Universität, in: TRE XIII, 1984, S. 558-563.

171 Krumwiede, Bekenntnis, S. 216.

172 Vgl. Rudolf Smend: Deutsche Alttestamentler in drei Jahrhunderten, 1989, S. 13-24.

173 Vgl. Smend, Alttestamentler, S. 25-37.

174 Vgl. zu ihm Robert Hanhart: Paul Anton de Lagarde und seine Kritik an der Theologie, in: Bernd Moeller (Hrsg.): Theologie in Göttingen. Eine Vorlesungsreihe, 1987, S. 271-305.

175 Vgl. oben S. 78 mit Anm. 147 und dazu S. 7.

176 Meyer, Geschichte (wie Anm. 170), S. 57.

177 Die in Anm. 169 genannten heute möglichen Alternativen kamen erst später, als reformierte Professoren nach Göttingen berufen wurden, hinzu.

178 Golo Mann: Deutsche Geschichte des neunzehnten und zwanzigsten Jahrhunderts, 1958, S. 190.

179 Art. VI § 22:»Die Wissenschaft und ihre Lehre ist frei.«

180 Vgl. Thomas Nipperdey: Deutsche Geschichte 1800-1866. Bürgerwelt und starker Staat, 1983, S. 652-661.

181 Lagarde, Verhältnis (wie Anm. 75), S. 40f.

182 S. dazu oben S. 43-51.

183 Vgl. Campenhausen, Ablauf (wie Anm. 80), S. 109:»Schwierig ist die Lage nur für den, der den Auferstehungsglauben ernst nehmen möchte, die leibliche Auferstehung jedoch für überflüssig oder gar für unannehmbar hält. Ihm bleibt nur der einigermaßen peinliche Ausweg, in dem Bekenntnis zum Auferstandenen den alten Christen, in dem aber, was dies Bekenntnis hervorgerufen hat, vielmehr den Juden zu folgen« (die laut Mt 28,15 von einem Diebstahl des Leichnams Jesu durch die Jünger sprachen).

184 Vgl. dazu Gerd Lüdemann: Der große Betrug. Und was Jesus wirklich sagte und tat, 1998.

185 Vgl. Gerd Lüdemann: Das Unheilige in der Heiligen Schrift. Die andere Seite der Bibel, 1996, S. 75-119.

186 Vgl. Evangelische Zeitung vom 31. Mai 1998.

187 »Wir stimmen mit der Aussage der Pressemitteilung überein. Die Kirchen der Konföderation sind nach eingehender Prüfung

zu dem Ergebnis gekommen, daß die seinerzeit nach Artikel 3 Abs. 2 des Loccumer Vertrages gegebene gutachterliche Äußerung für Ihre Berufung auf den Lehrstuhl für Neues Testament C 4 an der Universität Göttingen mit allen Konsequenzen zurückgenommen werden muß. Diese Rücknahme muß nach unserer Auffassung dazu führen, daß Sie die Theologische Fakultät verlassen ...« (Brief vom 14. Juli 1998 [Archiv Lüdemann]). Vgl. Hannoversche Allgemeine Zeitung vom 17. Juli 1998, S. 4; Göttinger Tageblatt vom 17. Juli 1998, S. 5. Vgl. auch oben S. 13.

188 Max Weber: Soziologie. Weltgeschichtliche Analysen. Politik, Kröners Taschenausgabe 229, [4]1968, S. 311-339. Hiernach werden die Seitenangaben im Text gegeben.

189 Franz Overbeck, Werke 5 (wie Anm. 3), S. 485.

190 Bertrand Russell: Warum ich kein Christ bin, 1968, S. 56.

191 Stille Stunden. Aphorismen aus Richard Rothes handschriftlichem Nachlaß, 1872, S. 14.

192 Bertrand Russell: Warum ich kein Christ bin, 1968, S. 62.

193 Oswald Spengler: Der Untergang des Abendlandes. Umrisse einer Morphologie der Weltgeschichte (1923), dtv 838, [8]1986, S. 821.

194 Walther Köhler, Ernst Troeltsch, 1941, S. 406.

195 Vgl. zum Folgenden Troeltsch, Wissenschaft (wie Anm. 87), und vor allem Stefan Rebenich: Theodor Mommsen und Adolf Harnack. Wissenschaft und Politik im Berlin des ausgehenden 19. Jahrhunderts. Mit einem Anhang: Edition und Kommentierung des Briefwechsels, 1997, S. 414-462.

196 Münchner Neueste Nachrichten vom 15. und 24. November 1901; zitiert nach dem Wiederabdruck in: Reden und Aufsätze von Theodor Mommsen, 1905, S. 432-436.

197 Der spätere Reichskanzler Georg Freiherr von Hertling (1843-1919) hatte eine Erwiderung auf Mommsens Stellungnahme verfaßt, in der er ausführte: »In der Mommsen'schen Erklärung nehme ich sogleich ... Anstoß an dem Worte von der voraussetzungslosen Forschung. Wer sich mit erkenntnißtheoretischen und methodologischen Fragen beschäftigt, weiß, daß es eine solche Forschung nicht giebt, sondern unser Forschen und Wis-

sen auf zahlreichen Voraussetzungen aufgebaut ist« (zitiert nach Rebenich, Mommsen/Harnack [wie Anm. 195], S. 860 Anm. 2). Diese Replik wurde am 20. November in den »Münchner Neueste(n) Nachrichten« veröffentlicht.

198 Karl Otto von Raumer (1805-1859), von 1850-1858 preußischer Kultusminister im Kabinett Manteuffel, hatte, selbst konservativ und orthodox-evangelisch, bestimmt, daß die Historiker an den Universitäten in Bonn und Breslau katholisch sein müßten (vgl. Rebenich, Mommsen/Harnack [wie Anm. 195], S. 882 Anm. 3).

199 In dem am 29. November 1850 in Olmütz zwischen Österreich und Preußen geschlossenen Vertrag (»Olmützer Punktation«) verzichtete Preußen unter österreichischem und russischem Druck auf die Verwirklichung der in der Frankfurter Nationalversammlung gescheiterten deutschen Einheit unter seiner Führung. König Friedrich Wilhelm IV. stimmte der Bundesexekution in Kurhessen-Kassel zu und erklärte sich bereit, gemeinsam mit Österreich die schleswig-holsteinische Frage zu lösen. Von liberaler Seite wurde die Olmützer Punktation als Symbol der Preisgabe des Bundesstaatgedankens und der Opferung Schleswig-Holsteins angesehen.

200 Stunden (wie Anm. 191), S. 33.

201 Gerhard Ebeling: Zur Existenz theologischer Fakultäten an staatlichen Universitäten, in: ders.: Wort und Glaube III. Beiträge zur Fundamentaltheologie, Soteriologie und Ekklesiologie, 1975, S. 164-169, hier S. 169.

Wichtige Bücher von Gerd Lüdemann:

Das frühe Christentum nach den Traditionen der Apostelgeschichte. Ein Kommentar, Göttingen 1987.

Texte und Träume. Ein Gang durch das Markusevangelium in Auseinandersetzung mit Eugen Drewermann, BenshH 71, Göttingen 1992.

Die Auferstehung Jesu. Historie, Erfahrung, Theologie, Göttingen 1994, Neuausgabe Stuttgart 1994.

Ketzer. Die andere Seite des frühen Christentums, Stuttgart 1995.

Was mit Jesus wirklich geschah. Die Auferstehung historisch betrachtet (zusammen mit Alf Özen), Stuttgart 1995.

Das Unheilige in der Heiligen Schrift. Die andere Seite der Bibel, Stuttgart 1996.

Unterdrückte Gebete. Gnostische Spiritualität im frühen Christentum (zusammen mit Martina Janßen), Stuttgart 1997.

Bibel der Häretiker. Die gnostischen Schriften aus Nag Hammadi (zusammen mit Martina Janßen), Stuttgart 1997.

Jungfrauengeburt? Die wirkliche Geschichte von Maria und ihrem Sohn Jesus, Stuttgart 1997.

Der große Betrug. Und was Jesus wirklich sagte und tat, zu Klampen Verlag, Lüneburg 1998

Weitere Informationen finden sich im Internet auf der Homepage von Gerd Lüdemann:
http://www.gwdg.de/~gluedem/

Christoph Türcke...

**Zum ideologiekritischen
Potential der Theologie**
Konsequenzen einer
materialistischen Paulus-
Interpretation
133 Seiten, Pb., DM 28,–
ISBN 3-924245-12-6

Die neue Geschäftigkeit
Zum Ethik- und
Geistesbetrieb
132 Seiten, Pb., DM 22,–
ISBN 3-924245-14-2

mit Friedrich Wilhelm Pohl:
Heilige Hure Vernunft
Luthers nachhaltiger Zauber
132 Seiten, Pb., DM 28,–
ISBN 3-924245-21-5

Religionswende
Eine Dogmatik
in Bruchstücken
Die erweiterte *ZEIT*-Serie
114 Seiten, Leinen, DM 28,–
ISBN 3-924245-51-7

Gewalt und Tabu
Philosophische Grenzgänge
142 Seiten, Pb., DM 22,–
ISBN 3-924245-09-6

Kassensturz
Zur Lage der Theologie
145 Seiten, Pb., DM 24,–
ISBN 3-924245-63-0

...bei zu Klampen

Postfach 19 63, 21309 Lüneburg
Tel. 04131/73 30 30, Fax: 73 30 33
e-mail: zu-Klampen-Verlag@t-online.de